藤代三郎

外れ馬券にさよならを

ミデアム出版社

目次

第一章　新3連単作戦の行方

目　次

目　次

初出／週刊Gallop
レース結果／週刊Gallop
（レース結果欄の予想印はサンケイスポーツ本紙予想です）

装丁／カバーイラスト　高柳　一郎

第一章　新３連単作戦の行方

松岡松岡まつおかまつおか！

金杯の日の朝、中山競馬場の地下1階にあるターフィーズカフェでコーヒーを飲みながらモニターを見上げていた。この日はオサムが福岡からやってきて、トシキとアキラと私の4人で年の初めの競馬を楽しもうという計画だが、オサムが中山に到着するまでは地下1階で待機。私は馬券を買っていないので、ふーんと思ってレース実況を見ていただけだが、レースが終わるといきなり「いまの取りました」とアキラが言う。馬連とワイド。そのとき二人で見上げていたのは、中山2Rだ。3歳未勝利の牝馬限定のダート1800m戦である。「馬連は500倍だったかなあ」と事もなげに言う。この男は自分の買った馬券が惜しい局面になっても、絶対に叫ばない。トシキや私なら、興奮して叫ぶところだが、いつも冷静なのである。

その中山2Rを勝ったのは⑧アンジェリーブルで、2着は⑦グラスミルキー。なんと、9番人気と12番人気である。だから馬連が5万790円、ワイドでも1万930円。朝からこの2つを仕留めたというのだから、すごい。そうか、アキラが得意とする隣り目馬券だ。この男は軸馬の隣の馬を必ず買うのである。ちょっと待てよ、3着は⑨フローラルパーク（1番人気）で、つまり1～3着の3頭は、7～9番と横並びではないか。この3連複は7万、3連単は72万。隣り目馬券術を徹底して信じるならすべてゲットできたことになる。そこにオサムとトシキも合流して、すごいなあ、今日はもうプラス確定ですね、とみんなから祝福を受けていたが、そのアキラが「あっ」と声をあげたのは4人そろって指定席についたときだった。どうしたの？　なんと、買い間違えたと言うのだ。馬連とワイドを買ったつもりなのに、ワイドを2回買っていたという。本来なら5万の馬連と、1万のワイドが当たって合計6万の配当だったのに、1万のワイドが2回当たって配当合計は2万。それでも2万当たったんだからいいじゃないの。「でもなあ」とアキラは納得のいかない様子だった。馬券の買い間違いはよくある。この日もトシキは何度も「差せ差せ差せ」とか「そのままそのまま」とか叫んで、いつものように当たりまくったが（このおやじは全レース買うのが常でそのうち半分くらい当たるからすごい。それでいつも大もうけかというとそうではなく、収支はチャラということが少なくない）、どこのレースだったか叫んだあとに「あれ、買ってないや」と言ったから、間違えるのはアキラだけではない。

ところで、しばらく休んでいたＷＩＮ5だが、昨年の秋からまた復帰して毎週楽しんでいる。以前は100点で100万を狙うという作戦だったけれど、新バージョンは30〜40点で、20万〜30万を狙う作戦に変更。WIN5は当たらないほうが多いので、毎週1万はきつくなったのだ。この日のポイントは、金杯を⑪ウインブライトの1頭指名にしたこと。30〜40点におさめるためには、2つのレースを1頭指名にして、2つを2頭指名。そうすると最後のレースを8頭指名しても40点で済む。金杯の日は、中山10RのカーバンクルSが1番人気の⑫モズスーパーフレアで堅そうだったので、金杯をウインブライトの1頭指名にすれば、あとが楽になる。その段階ではウインブライトが4〜5番人気と踏んでいたので、あとの4つは堅い決着でもいいと予測。だから残る3レースは、5頭、2頭、4頭。これで合計が40点。複数指名のレースで、1番人気以外の馬が勝てば、特に4番人気とか5番人気馬が勝てば、40万くらいの配当も夢ではない。中山金杯を迎えるまでの3レースですべて1番人気が勝ったのは計算外だが、ここをウインブライトが勝ってリーチがかかれば、最後の京都金杯は4頭指名なので、楽しみがある。だから、中山金杯のゴール前は絶叫。外から差してきたウインブライトに「松岡松岡まつおかまつおか！」と叫びまくった。ウインブライトはきれいに全馬を差し切って1着。いやあ、ホントに気持ちよかった。2着のステイフーリッシュが痛恨の抜けで、45倍の馬連と、420倍の3連複を逃したのが痛かったが（外枠は来ないというデータを見てしまったのが敗因）、京都金杯の

3連複350倍を仕留めて、ほっと一息。京都金杯を勝ったのは1番人気の⑫パクスアメリカーナで、1番人気→1番人気→1番人気→3番人気→1番人気で、WIN5の配当は2万。私、WIN5を当てたのは4年ぶりだが、史上最安値である。これまでの記録は、2万8000円というのがあったと記憶するが、それを更新する新記録。それでも今年の初日をプラスで終えたから（ちなみに、トシキもオサムもプラス。朝、買い間違えたアキラだけが、ちょいマイナス）、とてもおいしい酒だった。問題は、オサムと二人で出撃した翌日の成績が、二人ともにボウズだったこと。結局はマイナスのスタートになってしまったわけだが、なあに、まだ一年は始まったばかりだ！

この日は途中まで複勝ころがしをして遊んでいた私も、買うつもりの馬ではなく隣の馬を買ってしまったから、買い間違いは珍しいことではない。買おうと思った馬も、間違えて買った馬も、どちらも来なかったから関係ないんだけど。

パドック診断の喜びと哀しみ

トイレから出てきたら、ぴかぴかの馬がテレビに映っていた。えっ、これなに？　どこの何レース？　パドックを放映中であるのにトイレに行ったのは、そのレースを買う気がなかったからだ。日曜のＷＩＮ５が一発目の京都９Ｒでコケたので、もう買う気がなく、ふてくされてトイレに行ったのである。で、出てきたら画面いっぱいに超ぴかぴかの馬が映っていた、というわけ。あわてて新聞を見ると、京都10Ｒ新春Ｓ（４歳以上１６００万下の芝１６００ｍ戦）の⑪ヴェネトという馬で、なんと11番人気。ディープ産駒だが、すでに7歳である。たしかにディープ産駒は京都１６００ｍ戦に強いけど、7歳じゃあなあ。と思っていたら、次に映った馬もぴかぴかで（それが3番人気の⑫ロライマだった）、なんなんだこのテレビ、急に映りがよくなったのか。

実はこの半年、いやそろそろ1年になるか、パドック診断で「これは」と思った馬がただの一頭も来ていないのである。もともと素人のパドック診断だからアテにはできないのだが、それでもときどき、「これは」と思う馬が実際のレースでも来ていたから、パドックを見るのが楽しかった。ところがこれだけ長い間、パドック診断が不発だと、見る意欲がなくなってくる。そういえば、返し馬診断もこの1年、まったくの不発続き。というよりも、よく見えることがきわめて少ないのだ。返し馬診断は大変危険で、超人気薄の馬がずば抜けて見えることがあり、そうなると「見ちゃったものは仕方ないよなあ」と自分に言い聞かせて突っ込み、そのたびに損をするので、よく見えることがないほうが安全である。しかしこれだけ長期間、返し馬をいくら見ても「ぴかぴか馬」を見つけられないのでは、双眼鏡をかまえる意味がない。なんだかなあと思いながら、とりあえず、⑪ヴェネトの単複オッズを調べた。単は35倍くらい、複は5倍くらいありそうだ。よし、だまされたと思って買おうとした瞬間、待てよと気がついた。この⑪ヴェネトの鞍上は福永なのだが、福永の乗った馬の複勝をきょう買ったような気がする。急いで調べると、それが京都5R。3歳未勝利の芝1600m戦だが、ここで5番人気の⑪ルーナクオーレという馬がパドックでぴかぴかだったので、その複勝をこっそり買ってみたのだ。前走の新馬戦で1番人気3着なのに今回5番人気というのは怪しかったが、これだけデキがいいのなら3着以内は確実だろう。と思っていたら予想外の9着。その5Rとこの10Rは、ジョッキーもディープ産駒であることも同じなのである。だったらこれもアテにできないか。

そこで京都10R新春Sの馬券を買うのは中止し、中山メインの馬券を買うことにした。ニューイヤーSについて、「ストーミーシーは連闘が要注意ですよ。1番人気のルメールとの馬連が45倍もつきます」と昼にアキラからメールが来たことを思い出したのである。俄然気になってきたので、③サーブルオールと⑭ストーミーシーの馬連、ワイドを各1000円購入。そこまでは覚えている。その次にはっと気がついたのは、「外からヴェネト！」というアナウンサーの声が聞こえたからだ。どうやらテレビの前でうとうとしていたらしい。だから、何のことやら、瞬間的にはわからない。ヴェネト？　なんだか聞いたことがあるような——なんだっけ？　あああ、福永だ！　嘘！　急いで顔を上げてテレビを見ると、外からヴェネトが伸びて先頭に躍り出ている！　しかも2番手に伸びてきたのは、なんと⑪ヴェネトの次によく見えた⑫ロライマ！　嘘だろ！　呆然と画面を見ていると、1〜2着はその2頭で決着。ちょっと待ってくれ。これ、いくらつくんだ？

3着は12番人気の③クリノラホールだったので、3連複は8万、3連単は65万。これは逆立ちしても取れないが、⑪ヴェネトの単勝3440円、複勝690円。⑫ロライマとの馬連1万1520円、ワイド2470円は、もしも買っていれば簡単に取れていた。単複でいったか馬連・ワイドでいったか、いまとなってはなんとも言えないが、前者の道を行けば4万、後者の道を行けば、18万。両方行けば、22万だ。もっと大きな勝負をしている人からすれば、22万などは屁のつっかいにもならない金額だろうが、私にしてみれば、盆と正月が一緒に来たような大金である。それなのに、このバカは、第3の道を選ぶのだから（つまり、京都10Rをケンして中山メインの馬連とワイドを選択）、競馬センスがないと言わざるを得ない。中山メインで9番人気の⑭ストーミーシーが来ないだけならまだ許せるが、1番人気の③サーブルオールまで来ないのだから、どうしてそんな馬を選ぶのか。いや、そんなレースになぜ手を出すのか。買うなら京都10Rを買え！　自分の選んだ馬が思ったような順番でゴールして、とても幸せだったことが、遠い昔にあったような気がする。しかし、ホントにあったのかなあそんなこと。遥か昔に思いをはせるのである。

低配当カットの法則

土曜日は朝にまとめて馬券を買い、そのままずっと仕事をしていた。夕方都心で会合があり、自宅を4時には出なければならない。それまではときどき結果だけを確認していたが（すべて外れ）、京都最終くらいはレースを見て行こうと初めてテレビをつけた。発走が4時10分なので、少し遅れるが、まあこれくらいはいいだろう。1回京都6日目の最終レース。4歳以上500万下の芝1200m戦である。ゴール前が混戦となって、1着②モンテヴェルデ、2着③セトノシャトル、3着⑤コンパウンダーでフィニッシュして「よし！」。グリーンチャンネルは確定前にゴール順通りに決まった場合の最終オッズを表示するのだが、そこに3連複が236倍と出たので、もう一度、「よし！」。これなら大丈夫、と急いで家を出た。いつもはそのあとで自分がその馬券を本当に買ったのかどうか確認するのだが、そんなことをしている時間はない。確認は帰宅してからでいい。

本当に買ったかどうか、というのは、買い間違いがないかどうかの確認ではない。私の馬券の買い方をいまさらながら説明しておくと、基本は3連複なのだが、最初は目いっぱい広げて、その買い目の全オッズを表示する。そのあとで100倍以下をカットして購入、というのが基本である。だいたいが25点から30点くらいであることが多い。そこまで絞る、ということだ。ところが買い目が多くなったときは、100倍以下をカットしてもまだ50〜60点くらい残っていることがある。そういうケースでは、カットする下限を上げていく。つまり200倍以下をカット、というふうに変更するのだ。とにかく買い目を増やさないこと、これを第一に考えるのである。250倍以下をカット、ということもときどきある。だから、結果は私の予想通りに決まったとしても、買ってないことが少なくない。基本的に人気馬同士で決着したときは買ってないから、配当が表示される前に、ああこれではダメダとわかるのだが、微妙なときがある。土曜京都の最終は、1着の②モンテヴェルデと、3着の⑤コンパウンダーのところには印が結構ついているが、2着の③セトノシャトルにはほとんど印がない。▲が1人と△が1人、それだけだ。人気はあとで確認したが、4番人気→10番人気→6番人気だった。そのときは人気を確認していなかったが、手元の新聞の印から類推すると3連複100倍以上はあるだろう。それでもグリーンチャンネルの最終オッズを確認するまで席を立たなかったのは、そのレースでカットしていたのが100倍以下ではなく、150倍以下だったからだ。ようするに買い目の点数が多すぎたので、いつもよりも下限を上げざるを得なかったのである。だから「236倍」というグリーンチャンネルの最終オッズを見るまでは、これはぎりぎりかなあと不安であった。しかし、これなら大丈夫、というわけで安心して家を出たのであった。

問題はそのあとだ。会合が終わって夜遅く帰宅してから、投票履歴を見た。その日の買い目がずらずら並んでいるページを呼び出して、☆印みたいな印を確認しようとしたら（的中したところにはこの☆印みたいなものが付くのだが、時に意外なところに付いていたりすることもある。買ったことを忘れていることもあるのだ）、なんとなんとその☆印がない。正確に言うと☆じゃないんだけど、なんと言っていいかわからないので、ここでは☆印と言うことにする。とにかく、その印がないのだ。そんなバカな。仕方ないので、京都12Rの購入馬券一覧を呼び出して確認すると、3連複の②③⑤がない！　ここから先は推理するしかないのだが、私が買った朝の段階では150倍以下だったのに、その後人気を下げて236倍になったとしか考えようがない。そういえば、しばらく前にも、そのときは100倍以下をカットしたのだが、予想が当たって130倍との表示が出たので、よしよしと確認したら、その馬券を買っていなかったことがある。そのときも購入時点では100倍以下であったのに、その後100倍を超えてしまったということだろう。だから珍しいことではない。

１００倍以下をカットするときの問題もある。98倍との表示を見て、迷うことがあるのだ。98倍をカットして１０１倍は購入、というのはおかしくはないか。そう思ってしまうのである。その差はたったの３００円だ。しかし98倍を購入すると、次に問題になるのはでは95倍はどうするのか、90倍はどうするのか、ということで、どんどんキリがなくなってしまう。だから、機械的に１００倍以下はカット、と決めているのだが、まさか１５０倍が２３６倍まで跳ね上がるとは思ってもいなかった。そんなに変わるんだ。馬券を買うのを直前にすればこの問題の大半は解決するが、しかしなあ、朝に馬券をまとめて買って外出することもあるしなあ、ともやもやするのである。

ビビッと来た日

少し前に、パドック診断がずっと不調だったのになぜか突然当たりだしたという話を書いたが、1回東京初日の2R、3歳の新馬戦（ダート1400m）のパドック中継を見ていたら、⑪ダンホーキラーの気配が目についた。手元の新聞には結構印が付いているが、その段階では単オッズが9倍、複オッズが2倍ちょっと。この日は午後に新宿で所用があるので、地元開催にもかかわらず競馬場に行かず自宅で待機。昼まで観戦してから外出、という予定だった。複勝くらい買ってもいいかなとも思ったが、2倍の複を買っても仕方あるまいとスルー。するとその馬が、勝っちゃったのである。おいおい。もっとも単勝は530円まで下がっていたが。そうか、もしかすると、長い間パドック診断は不調であったけれど、雌伏の期間は過ぎたのかもしれない。こうなってくるとパドック中継を見るのが楽しくなってくる。

次に、「これは！」という馬が目についたのが中京5R。これも3歳の新馬戦（芝

1600m）だが、⑦ノンストップの気配がいいのだ。さきほどの東京2Rとは違って、手元の新聞に印はほとんどなく、△が3つか4つ程度。そこで、1番人気②ハピネスブルームとのワイドを買ってみた。すると、その⑦ノンストップは2着に来たものの、相手の②ハピネスブルームが4着。おいおい。どうなっているんだ？　勝ったのは3番人気の⑮ピースワンパラディで、馬連⑦⑮は7840円、ワイドは2460円。相手を1番人気馬だけに絞らず、もっと手広く流せば簡単に当たっていた。そこで時間切れになったので外出してしまったが、こういうことがあると日曜は朝から必死でパドック中継を見ることになるのも当然である。馬券のヒットには結びつかなくても、パドック診断は当たっているのである。あとは馬券の買い方だけだ。

というわけで、その翌日の東京1R。この日は何も所用はなかったので東京競馬場に出撃しようかなとも思ったが、寒いので自宅でPAT。その東京1R（3歳未勝利の牝馬限定のダート1400m戦）のパドックで目にとびこんできたのが、⑫ハニーディスタフ。△がひとつぽつんと付いているだけの馬なので、弱気になりかけたが、前日好調だったのだからとこっそり1000円だけ買ってみた。前走のダートの新馬戦で果敢に逃げたものの、ばたっと止まって16馬身差の9着。それで2戦目のここは人気を落としているが（10番人気）、「距離短縮でスピードを生かせるようなら」との調教師のコメントが載っている。

1回東京2日　1R　3歳未勝利

着順	予想	枠番	馬番	馬名	性齢	斤量	騎手	タイム	着差	通過順	上り	人気	単勝オッズ	体重増減	厩舎
1	◎	❽	⑯	スマイルスター	牝3	54	ルメール	1.28.0		4 7 7	中39.4	②	3.3	504+12	南大竹正
2		❻	⑫	ハニーディスタフ	牝3	54	黛　弘	1.28.1	1½	7 11 9	中39.2	⑩	51.2	494－4	北伊藤圭
3	▲	❺	⑨	カメリアテソーロ	牝3	54	江田照	1.28.1	頭	⑯ 16 14	中**38.6**	⑤	10.0	454	南畠山吉
4	△	❼	⑭	タマモキャペリン	牝3	53	武藤雅	1.28.4	1¾	11 11 9	中39.5	③	4.8	450－6	北水野貴
5		❶	①	ホーリーライン	牝3	54	マーフィ	1.28.4	首	⑦ 4 4	内40.0	⑪	55.7	434+6	南矢野英
6	△	❸	⑥	プランタンヴェール	牝3	54	森泰斗	1.29.3	5	2 2 2	内41.2	⑨	37.9	508－2	南林　徹
7	○	❸	⑤	ベルキューティ	牝3	54	戸崎圭	1.29.4	¾	7 8 9	内40.4	①	3.1	422+2	南田村康
8		❺	⑩	ビーサプライズド	牝3	54	柴田大	1.29.5	首	11 10 12	中40.3	⑮	314.0	446+2	北栗田博
9	△	❹	⑧	スマートエリス	牝3	54	武　豊	1.29.6	¾	3 2 2	中41.5	④	9.5	484　0	南尾関知
10		❼	⑬	ナンヨーオボロヅキ	牝3	54	柴田善	1.29.7	¾	⑩ 8 7	中41.1	⑧	36.3	468+8	北宗像義
11	△	❻	⑪	クラーナハズヌード	牝3	54	ミナリク	1.30.4	4	4 4 4	中42.0	⑥	16.5	456+8	南斎藤誠
12		❶	②	アレクサンドレッタ	牝3	54	田辺裕	1.30.6	1½	⑮ 16 16	内40.9	⑦	26.6	466－6	北小笠倫
13		❽	⑮	デルマソルボンヌ	牝3	52	菊沢一	1.31.0	2½	⑪ 13 16	外41.4	⑯	371.0	450　0	北田中清
14		❷	③	ビザージュミニョン	牝3	54	和田竜	1.32.0	6	4 4 4	内43.5	⑫	84.6	458－20	北粕谷昌
15		❹	⑦	ルーナセレナータ	牝3	54	宮崎北	1.32.3	1¾	14 13 12	外43.1	⑬	169.5	436+8	南堀井雅
16		❷	④	タータンダンサー	牝3	54	石川裕	1.35.7	大	1 1 1	内47.6	⑭	171.9	472+14	南黒岩陽

単⑯330円　複⑯170円　⑫1000円　⑨320円
馬連⑫―⑯10100円㉘　　枠連❻―❽2180円⑪
馬単⑯―⑫13550円㊸　３連複⑨⑫⑯33170円㉛
３連単⑯⑫⑨159190円410
ワイド⑫―⑯3700円㉟　⑨―⑯880円⑨　⑨―⑫6050円㊺

父ゴールドアリュール、母父アサティスだ。鞍上は黛。今回は後方からのスタートで、ふーん、逃げないのかと思ってテレビを見ていると、4コーナーで外に回して差してきた。届くかなあ、ダメだろうなあ。ところがこの馬、ぐんぐんぐんぐん、伸びてくるのだ。おいおい本当か。なんと大半の馬を差し切って先頭の馬にも迫ろうというゴール。いやあ、素晴らしい。その複勝は1000円。しかしレースが終わってから振り返ると、1着の⑯スマイルスターは鞍上ルメールで2番人気。その馬との馬連が100倍、ワイドが3700円。複勝なんて買わずに馬連に1000円入れていたら10万、ワイドでも3万7000円。3着が5番人気の⑨カメリアテソーロで、その3連複が330倍。少しだけ手広く買えば、この3連複も簡単にゲットできていた。1000円の複勝が当たったことを喜べばいいのに、ああすればよかったこうすればよかったと、頭の中がぐるんぐるんするのである。

しかしパドック診断がここまで当たってくれれば、馬券成績も上向きになるはずだ。そう思うのが人情というものである。ところがその後は、京都2Rの⑨メモリーブラック（7番人気で10着）、東京2Rの⑩アトミックガイ（7番人気で8着）と不発続き。惜しかったのが中京8R。4歳以上500万下の芝1400m戦だが、このパドックで④ディヴァインハイツの気配にビビッと来た。単勝25倍弱の8番人気の馬だ。このときにはかなり負けていたのでもう複勝など買っていられない。この8番人気の馬を軸に、手広く3連複を購入。そして、先行して、さらに直線伸びて4番手。外からすごい脚の1頭が飛んできたが、3着でいいのだ。ぐんぐん伸びて3番手に上がったところでテレビに向かって叫んだ。「そのままそのままそのまま！」「西村西村西村！」。前の2頭は抜けそうにないが、もうこのままでいい。なんとかもたせろ西村！　ところが外から松若騎乗の⑭スターリーステージにゴール寸前に差されてしまった。3着に残れば3連複は170倍。そこまでの負けをひっくり返すほどのビッグヒットではないが、8Rでこれくらいの馬券を取っていたらその後の展開も変わっていたかもしれない。しかしこの中京8Rを取り逃がしたので、あとは不発地獄に真っ逆さま。終わってみたら久々の全治1ヵ月。昨年の暮れからずっとおとなしくしていたのに、これからがとっても不安だ。

どうしてそっちのほうがいいんだよお！

1回東京4日目の1R。3歳未勝利のダート1400m戦だが、1着が③フローラルパーク、2着⑪ケイアイビリジアン、3着が⑯イッツザファーストで決まって、グリーンチャンネルが確定前に最終オッズを表示した。2番人気↓4番人気↓6番人気の決着だから、微妙だよなあと思っていたら、案の定3連複は8830円。1番人気が飛んでもダメなんだ。予想は当たっていても100倍以下はカットしているから、これではダメだ。しかし、私が買ったときには103倍くらいで、その後人気を集めて88倍になった――なんてことがあるかもしれないので、念のために投票履歴を調べてみた。逆のケースがあるのなら、こっちのケースがあってもいい。さあ、3連複の③⑪⑯はあるか。ないんですね、やっぱり。

それはいいのだが、おやっと思ったのは、その1Rの投票履歴に、買った覚えのない目がたくさん入っていたことだ。私は4番人気の⑪ケイアイビリジアンを軸にして相手8頭の3連複28点を表示させてから100倍以下をカット。残った20点を購入したのだが、その8頭に入れた覚えのない馬がヒモ馬として買われているのだ。それが①クレアシアグルーヴ。16頭立て12番人気の馬で、このレースではビリだった馬である。その馬を私は買っているのである。全然買う気のなかった馬を、どうして実際には買っているのか、いくら考えてもわからない。もっと細かく見ていくと、買ったつもりの⑭サクラテゾーロを実際には買ってないことに気がついた。ここが初出走の⑭サクラテゾーロは9番人気で12着だった馬だが、パドックでちょっと気になったのでヒモ馬の1頭に追加したつもりだったのだが、実際には買ってないのだ。つまり⑭の代わりに①を買っていたことになる。まあ、どちらも来なかったのだから、どうでもいいことだが、どうしてこういう間違いをするのかがわからない。

わからないと言えば、この日の中京8R（4歳以上500万下のダート1800m戦）もわからなかった。このレースは前日検討の段階では買うつもりのなかったレースだが、あまりに暇なので昼に新聞をじっと見ているうちに、①フォルツァエフが面白いような気がしてきた。同コースの前走で4着だが、13馬身も離されているので、ここは12頭立ての6番人気。力が足りないと思われているようだ。たしかに1〜2番人気の馬とは時計が1秒、あるいは2秒も足りない。しかし、逃げ馬はこの馬だけなのである。だったら何とかならないか。そこでこの馬の単複をまず各1000円。最初はそれだけのつもりだったが、そのうちにワイドを買いたくなってきた。ワイドを買うなら相手は番手先行の⑧ライデンバローズだ。2番人気の馬である。オッズを確認すると、ワイド①⑧はその時点で9倍。これくらいつけば十分だと、そのワイドを3000円。ワイド3000円作戦を最近めったにやらなくなったのは、まったく当たらなくなったからで、ここまで当たらないと心も折れてくる。ワイド3000円なんて実に久々である。

買ったあとですぐに後悔したのは、逃げ馬と番手先行の馬のワイドを買ったのに、逃げ馬が逃げられず、番手先行の馬も先行せず、なんだよおこの展開、というケースが実に多いことに気がついたからである。逃げ馬が最後につかまって馬群に沈んでいくのならまだいいが（このパターンももちろん少なくない）、スタートをアオったわけでもないのに5～6番手に控えるケースがあったりすると、逃げるんじゃないのかよお、とイヤになってくるのだ。だから、スタートのときからドキドキ。すると、荻野極（①の鞍上が彼だ）、最初からヤル気満々でスタートと同時に飛び出した。よしよし。まずは第一関門を突破である。2番手に上がってきたのも予想通りに⑧で、この2頭が他の10頭を引き連れて第1コーナーを回っていく。いいなあこの展開。最後までこれで決まらないかなあ。でも楽しいのはいまだけだよなきっと。あれこれ考えているうちに、①フォルツァエフが4コーナーを回っていく。まだ逃げ脚は快調だ。しかし中京の直線はホントに長い。特に逃げ馬を買っているときは極端に長く感じてしまう。せめてゴール200m前までは馬なりでいてくれ。その前に鞍上の手が激しく動くようならもう絶望的である。すると、外から⑩グーテンタークがすごい脚で迫ってきて、先頭に躍り出る。①フォルツァエフは⑧ライデンバローズとの叩き合いになったが、力つきて3番手に後退。しかしそこからがしぶとい馬で、結局は3着でフィニッシュ。おお、ということは久々にワイドが的中だ。そのワイドが670円まで下がっていたことはいいとしよう。①の単複など買わずに、全額ワイドにまわせと言いたくなったこともいいとする。問題は、ワイド①⑧が670円なのに、ワイド①⑩が1070円もついたことだ。相手が1番人気のほうがついたなんて、そんなバカなことがあるかあ！

富士山が見える日は荒れる?

今週いちばんのニュースは浜松オートで行われた「鈴木選抜レース」だ。出場した８人の選手が全員鈴木姓だったのである。だからアナウンスが面白かった。「先頭は鈴木、２番手も鈴木！」「鈴木がまくりました！」。この開催の出場選手96人中、鈴木姓が10人もいたことから、「鈴木選抜レース」を企画したとのことだが、面白いことを考えたものである。私は朝のワイドショーで知ったのだが、それによると浜松では鈴木姓が多いんだそうだ。そうなんですか。

今週は土曜にみんなで東京競馬場に出撃する予定だったが、雪のために開催中止。急遽、日曜に出撃と予定を変更したが、この時期は本当に雪が多い。昨年もこのあたりに雪が降ったんじゃなかったっけ。それにしても寒い。府中のスタンドは指定席も吹きさらしなので、座っていると体の芯まで冷えてくる。朝、川崎屋で日本酒を飲むと体がぽかぽかになるが、その効果も昼までしかもたないから、昼にまた熱燗ともつ煮で体を温めるのも、この時期の通例である。朝、指定席の上から西のほうを見ると、富士山がくっきりと見えた。冬の朝は空気が澄んでいるのだ。府中のスタンドから富士山が見える日は荒れる、と言ったのはミー子じゃなかったか。この日、オサムとミー子とユーちゃんは小倉競馬場に出撃しているので富士山の写真を添付してメールすると、「荒れるかなあ」。本人は忘れているようだが、この日の東京8Rで、3連単1800万円の大穴が飛び出したのは、おそらく富士山がくっきりと見えたからに違いない。

思わず笑ってしまったのは東京10RバレンタインS。4歳以上オープンのダート1400m戦だが、9番人気の⑨サングラスにきれいに差し切られてしまったので、私のWIN5はこれで終了。こんなのは買えないよなあと新聞を見ていると、横でトシキが馬券を取り出して1枚ずつ確認してから机の上のコンビニ袋に捨てている。さすがのトシキでもこのレースはだめだったらしい。いいですか繰り返しますよ。東京10RバレンタインSは9番人気の⑨サングラスが勝ったのである。トシキは自分の馬券を1枚ずつ確認して外れ馬券を捨てたのである。にもかかわらず、そのあとのトシキの言動がすごい。突然私の新聞を覗き込み、「WIN5は何を買ったの?」と尋ねてきたのだ。1番人気と2番人気、と答えると「来るといいねえ」とトシキが言ったのである。えっ、と思った。彼の新聞を思わず覗き込むと、⑨サングラスのところに赤ペンで「1」と記入してある。記入したたときにはちゃんとわかっていたのだ。そのあとで、それが瞬間的に飛んでしまったのだろう。「いま、このレース終わったじゃん。あなた、たったいま、外れ馬券を捨ててたでしょ」と言うと、「あっ」と絶句。私、思わず笑いだすと、「まいったなあ」とトシキも笑いだした。私も他人のことを言えた義理ではなく、それに近いことをすることがあるので、本当は笑い事ではない。そろそろ私たちにもそういう時期が近づいているのだ。だから、トシキと私の笑いは苦笑いでもある。

この日のヒットは、東京9R初音S。4歳以上1600万下の芝1800m戦だが、このコースならディープ産駒だろうと思うものの、該当馬が7頭もいるのでそこから先が絞れない。だから前日検討の段階ではケンするつもりだった。しかし当日になって、ずっと新聞を見ているうちにその7頭中4歳馬が4頭であることに気がついた。ちょっと待てよ。この日の新聞の「データスクランブル」というコラムに、4歳馬の買い条件、消し条件というデータが載っていて、4歳馬が他世代を圧倒しているのは、1600万下のダート中長距離が一番、その次が1600万下の芝中長距離戦だと書かれていた。そのコラムを思い出したので、東京9R初音Sでも4歳馬を買うことにした。1800mなら中距離の範囲だろう。そこで4歳馬4頭の馬連と3連複のボックスを各500円で購入。すると、⑥ダノングレース（6番人気）と、④フィニフティ（3番人気）の4歳馬2頭が1〜2着して馬連5150円がヒット。直線半ばで抜け出したこの2頭が危なげなく勝ったので、応援にも余裕があった。これで3着まで4歳馬が来てくれていたらよかったが、そこまで競馬は甘くない。他にも1本取ったのでこの日はチャラ。コタツに入りながらばしばし買ってボウズで終わった前日の土曜の負け分がそのまま残ったので今週もマイナスだったが、冬の府中はあと1週。最終週にこの開催の負けを全部取り戻したいとの気持ちはもちろんあるけれど、それを目指すとおそらく大負けは必至なので、そういうふうには考えないこと。ただいまは自分にそう言い聞かせている。この日もボウズだったオサムから「最後に馬券が当たったのがいつなのかわかりません！」とメールが来て、それがなんだか寂しげだった。しかしオサムよ、明けない夜はないのだ。それを信じよう！

オサムが久々の大ヒット

1回小倉4日目の3R。3歳未勝利の芝2000m戦だが、⑭ルンルンクオリティの単勝を買ったとアキラが言う。手元の新聞を見たら、印がひとつも付いてない。調べてみると18頭立て12番人気の馬で、その単勝オッズは約100倍。そのレースは買うつもりがなかったのだが、なんだか私も買いたくなってきた。そこで、⑰カラテ(6番人気)の単勝を買ってみた。深い理由はなく、お遊びだ。すると、⑭ルンルンクオリティがぽんと飛び出し、⑰カラテが番手を取り、この2頭が他の16頭を引っ張っていく。二人が単勝を買った馬が、先頭と2番手にいるとは面白い。そのままの態勢で4コーナーを迎えると、外から⑰カラテが⑭ルンルンクオリティに襲いかかる。モニターに向かって「ハヤトハヤト!」とアキラが言い、「マユズミマユズミ!」と私が応援すると、直線半ばで⑭ルンルンクオリティが力尽き、ずるずると後退していく。これで後ろから何も来なければ、私の単勝がヒットする。そして、後ろからは何も来ないのである! ⑰カラテはそのまま悠々とゴール。その単勝は、2380円だった。買うつもりのなかったレースでこれくらいの配当を手にするのは嬉しい。この日、当たるのはこれ1本、ということをまだ知らなかったころの話である。しかもこのレースには、もうひとつのドラマが隠されていた。

この日はアキラと、彼の会社の人たちと東京競馬場に出撃したのだが、小倉競馬場に出撃していたオサムから、レース終了後にメールが来たのだ。この馬連を仕留めたらしい。馬連？　単勝しか買っていなかったので、2着も3着も見ていなかった。アキラに聞くと、2着は⑪レッドエンヴィーが残るところを、外から②ホウオウアクセルが差したらしい。つまり、6番人気が勝って、2着が7番人気、3着が4番人気ということだ。じゃあ馬連、つくんじゃないかなあと思っていたら、1万2560円。おお、万馬券だ。ずっとボウズが続いていたオサム、久々の大ヒットである。前日までの9日間、ずっとボウズだったというから、その反動が一気に爆発したようだ。自慢じゃないが私、ボウズ経験は長いので、ボウズのときの心境については詳しい。同じ負けるにしてもボウズはホントにつまらないのだ。一本でも当たれば少しはむなしさも緩和されるが、ボウズはひたすら落ち込むだけ。気力というものが湧いてこない。ボウズが続いているときは何をやってもダメだから、永遠に出口がないようにも思えてくる。ホントにつらいのである。しかしこの当たりでオサムの流れも変わったようで、この日の東京最終で馬単100倍をゲット。9日間もボウズだったのに、万馬券を2本も取るんかい。

しかしこの日、もっとツイていたのは、アキラの会社のヨシ先輩だ。この先輩は、3連単3頭ボックスを1点だけ（いや、ボックスだから6点か）全レースで買うという特殊な馬券戦略を繰り出す人で、一時期はあまりに当たらないので他の馬券作戦を採用していたが、最近また3連単1点（いや、6点だ。くどいけど）作戦に戻したという。それで今年になって45万と20万馬券をゲットしたというから、すごい。こういうノリにノッている人に逆らうものではない。いや、逆らっているわけではないのだが、この日のWIN5で、オサム、私、ヨシ先輩の3人がともにリーチがかかったのである。そこまで2番人気、2番人気、3番人気、3番人気、という上位人気馬の決着だったから、高額配当は望めないが、当たればなんでもいい。私は、サンライズノヴァ1頭、オサムがゴールドドリームとオメガパフュームの2頭、ヨシ先輩はインティ、ゴールドドリーム、コパノキッキングの3頭。つまり私が6番人気、オサムが2番人気と3番人気。ヨシ先輩は1番人気と2番人気と4番人気。つまり5番人気を除いて、1～6番人気をみんなで指名していたことになる。よほどの穴馬が1着にならないかぎり、誰かが当たりそうだが、3頭も持っているヨシ先輩がいちばん有利。それに最近の馬券の調子がいちばん好調なのだ。これはもうヨシ先輩がWIN5をゲットするだろうとの予測が当たって、フェブラリーSを勝ったのは1番人気の⑥インティ。WIN5の配当は、5万7540円。いつも1億を狙っている人からすれば、こんなゴミみたいな金額はいらないだろうが、私、このくらいの金額でも十分だ。できれば、1日の負け分の10倍くらいの配当はいただきたいが、これくらいの配当でもゼロよりはいい。

それにしても藤田菜七子人気はすさまじく、こんなに混んでいるフェブラリーSは初めてだ。馬連430円の決着なら、多くの人が当たったことだろう。みんな、よかったね、とうなだれて帰途についたのである。今週も土日で全治1ヵ月。そろそろ尻に火がついてきた。なんとかしなくては、とただただ焦るのである。

46年間マイナスの男

今週いちばん惜しかったのが、2回中山初日の7R。4歳以上500万下のダート1200m戦だが、私が選んだ5頭は、③ミッキーマンドリン、⑤サリネロ、⑨スーパーアキラ、⑬エアコンヴィーナ、⑮アドマイヤムテキ。人気は順に、10番人気、4番人気、6番人気、8番人気、9番人気だ。1〜3番人気を切っているのがミソ。夢いっぱいの馬券である。この5頭の馬連と3連複のボックスを購入すると、ぽんと飛び出したのが⑤サリネロ。2番手が⑫コウギョウブライト。この2頭が他の各馬を引っ張っていく。3番手は⑭アンチャーテッド。私の5頭ボックスの他の4頭はどこにいるのか。⑬が中団のインにいることはわかったが、ダート1200m戦なので他の馬を探している暇がない。4コーナーを回って直線を向くと、まず⑭がタレていく。先頭の⑤の脚いろは衰えない。2番手にいる⑫を私は1円も買っていないので、このままの態勢で決まれば、馬券は外れだ。その⑫の脚いろが衰えないので、これはダメだなと思ったとき、馬群をさばいてグングン伸

1回中山初日　7R　4歳上500万下

着順	予想	枠番	馬番	馬名	性齢	斤量	騎手	タイム	着差	通過順	上り	人気	単勝オッズ	体重増減	厩舎
1		❸	⑤	サリネロ	牝5	55	ブロンデ	1.12.1		①-1-1	内38.5	④	8.6	522+14	南中川公
2		❻	⑫	コウギョウブライト	牡4	55	野中悠	1.12.1	鼻	2-2-2	中38.3	⑫	39.6	464+10	北伊藤大
3	△	❼	⑬	エアコンヴィーナ	牝4	55	大野拓	1.12.1	鼻	9-7-7	内37.9	⑧	16.6	448 0	南大竹正
4		❺	⑨	スーパーアキラ	牡4	57	津村明	1.12.1	鼻	14-13-12	外**37.1**	⑥	10.6	510+ 2	南矢野英
5		❼	⑭	アンチャーテッド	牡5	54	木幡育	1.12.4	1¾	2-3-2	中38.5	⑬	63.0	450+ 8	南相沢郁
6		❹	⑧	ケンユキノオー	牡5	57	田辺裕	1.12.4	鼻	11-10-10	外37.8	⑪	34.1	446− 2	南久保田貴
7	○	❸	⑥	ロードコメット	騸5	55	菊沢一	1.12.6	1	4-5-4	中38.6	⑤	9.0	514− 6	南菊沢徳
8		❷	③	ミッキーマンドリン	牝4	55	内田博	1.12.8	1¼	10-10-10	内38.2	⑩	17.2	470+ 8	南萩原清
9	△	❹	⑦	アースビヨンド	牡4	57	北村宏	1.12.9	¾	⑯-15-15	中37.7	②	5.1	518+ 2	北伊藤大
10	◎	❻	⑪	ココロノイコロ	牡4	57	戸崎圭	1.12.9	鼻	7-7-7	外38.6	①	3.6	450 0	北高橋祥
11	▲	❷	④	ストライクショット	牝6	55	ミナリク	1.13.1	1¼	4-3-4	内39.2	⑦	14.1	508+ 2	北加藤征
12		❶	①	バナナボート	牡5	57	武士沢友	1.13.3	1¼	⑬-13-12	外38.3	⑮	129.0	428− 2	南柴田人
13	△	❽	⑯	メジャーラプソディ	牝4	55	三浦皇	1.13.6	1¾	6-5-4	中39.5	③	8.0	494+12	南田村康
14		❶	②	シーホース	牝4	55	松岡正	1.13.7	½	16-16-16	内38.1	⑯	182.8	434− 6	南久保田貴
15		❺	⑩	イザベルローズ	牝4	55	石川裕	1.13.9	1½	11-12-12	外39.2	⑭	97.8	456+ 4	南粟田徹
16	▲	❽	⑮	アドマイヤムテキ	牡6	57	横山典	1.14.0	首	8-7-7	中39.7	⑨	16.7	502+12	北上原博

単⑤860円　複⑤350円　⑫870円　⑬410円　ブリンカー＝⑤⑫②
馬連⑤—⑫22990円⑥⓪　枠連❸—❻810円②
馬単⑤—⑫41810円122　３連複⑤⑫⑬105540円246
３連単⑤⑫⑬611650円1425
ワイド⑤—⑫6450円⑥⑥　⑤—⑬2820円㊴　⑫—⑬5020円㊿⑧

びてくる馬がいた。それが⑬エアコンヴィーナ。おお、君だ。さらにもう1頭、大外から矢のように伸びてきたのが⑨スーパーアキラ。おおおおお。間に合ったかお前たち。差したか君たち。瞬きする暇もなく、4頭が鼻面をそろえたところがゴール。最内が逃げた⑤、その次が番手先行の⑫、その手前が⑬、大外が⑨。リプレイされてもわからない。⑫が⑤と⑬の間にいるので、わからないのだ。

⑤が残って、後ろから飛んできた2頭、つまり⑬と⑨が先行した⑫をかわしていれば、3連複が的中する。あとで調べてみたら、その3連複は324倍だった。⑬と⑨が2頭ともに⑫をかわすことが難しくても、どちらか1頭が⑫をかわしていれば、馬連が的中する。⑫が2着に残っていると、どちらも外れだ。そりゃあ、3連複が当たるのがいちばんいいけれど、最悪でも馬連が当たりますように、という祈りもむなし

く、写真判定の結果は⑫が無情にも2着。1着⑤サリネロ、2着⑫コウギョウブライト、3着⑬エアコンヴィーナ、4着⑨スーパーアキラという順であった。着差は、ハナハナハナ。あとで調べてみたら、もしも⑬が⑫をかわしていれば、馬連は80倍。つまり、⑬と⑨がまとめて⑫をかわしていれば、馬連80倍と3連複320倍が当たって、配当は4万。いいじゃんそれで。ところが1円も買ってない⑫が2着に残ったために、すべてがご破算。ハナハナハナだよ。4万まではほんのちょっとした違いなのだ。しかし、4万などは大きな配当を狙っている人には、屁のつっかいにもならない金額だろう。翌日のWIN5の配当は、4億7000万円。的中はたった一人。最後の中山記念を残して的中は5票だったので、今週はキャリーオーバーかなと思っていたが、いたんだ一人。4億7000万円当てた人からすると、4万円など取るに足らない泡のような金額に違いない。4万取り逃がして悔しい、なんて、その人の前でとても言えません。どんな人かは知らないけれど。

WIN5の配当が発表されるとアキラからメールが来た。「ぼくが4億7000万円取ったら、1億ずつあげます」。おお、すごい。1億もくれるのか。すると、すぐにオサムからもメール。「ぼくも1億ずつあげます」。困っちゃうなオレ。アキラとオサムが1億ずつくれたら、2億になっちゃう。数年前の有馬記念の日、「ボクが500万馬券取ったら100万あげます」とオサムに言われて興奮したことがある——という話は以前も書いたかどうか忘れてしまったので、あらためて書いておく。それからしばらくして夢を見た。私が１２００万を取ったのにオサムに40万しかあげなかったのだ。夢の話ですよ。ご祝儀の相場は５％、という話を聞いたことがある。本当かどうかはわからない。１２００万の５％は60万だ。40万はそれにも満たない。あいつは５００万の20％に当たる１００万をくれたのに、オレは５％に満たない40万しかあげないのか、ホントにオレはケチだなあごめん――という夢であった。その話を後日、オサムにすると、いやあ、ぼくも１００万は実際にあげてないですからいいですよと言ってくれた。それにくらべて今度は１億もくれるというから、アキラもオサムも太っ腹だ。

馬券と関係のない話をこうして延々としているのは、もうおわかりになっているとは思うけれど、土曜中山７Ｒ以外にとりたてて言うことがないからだ。パドック診断はまた絶不調に陥っているし、ワイドも全然当たらないし、いいことがひとつもない。シゲ坊からメールが来て、なんだろうと思ったら今年になってから全然当たりませんと書いてあった。しかしシゲ坊よ、自慢じゃないが私、ハイセイコーの年から競馬を始めて46年、これまで一度もプラスになった年がないのだ。それでもくじけずまだ馬券を買っているのだ。誰かこのけなげな私を褒めてくれ！

不調のときは馬券の種類を変えろ

　1回小倉8日目の11R太宰府特別が終わり、その着順を手元の新聞に書き込んでいたとき、初めて気がついた。このレースを勝ったのは⑪カレンシリエージョ、2着が⑩ブライトムーン、3着が⑨リリックドラマで、人気は、5番人気、3番人気、7番人気である。馬連は2700円、3連複は1万1960円、3連単は5万6040円だ。特に大荒れというわけではない。しかしその着順を見て、本当かよ、と我が目を疑ってしまった。というのは、この3頭、私がWIN5で選んだ3頭だったのである。この日のWIN5は一発目の阪神10R武庫川Sを7番人気の⑩コスモイグナーツが勝った瞬間に終了していたので、自分がどの馬を選んだのかなどすっかり忘れていた。2発目の中山10R総武Sを14頭立て14番人気の⑩マイネルオフィールが勝ったあとは、ひたすらキャリーオーバーにならないかとそればかりを考えていたのだ。小倉の太宰府特別で、前記の3頭を選んだのは、荒れるならここだろうと思ったからである。

1回小倉8日　11R　太宰府特別

着順	予想	枠番	馬番	馬名	性齢	斤量	騎手	タイム	着差	通過順	上り	人気	単勝オッズ	体重増減	厩舎
1	△	❻	⑪	カレンシリエージョ	牝4	55	秋山真	1.50.8		8 8 8	外36.6	⑤	8.1	480−	4栗東鈴木孝
2	▲	❻	⑩	ブライトムーン	牝5	55	横山武	1.50.8	鼻	⑮ 13 8	内**36.0**	③	7.2	430−	4栗東大久保龍
3	△	❺	⑨	リリックドラマ	牝5	55	柴山雄	1.51.0	1½	2 1 1	中37.4	⑦	14.2	464+	2栗東岡田稲
4	◎	❸	⑤	リュヌルージュ	牝4	55	幸　英	1.51.1	首	5 5 4	中37.2	①	3.1	458	0栗東斉藤崇
5	○	❷	②	アンネリース	牝5	55	黛　弘	1.51.6	3	8 8 8	中37.4	②	5.1	488	0南尾関知
6		❼	⑫	ブラックオニキス	牝5	55	丸田恭	1.51.6	鼻	11 11 12	外37.2	⑩	31.7	434+	8北加藤和
7	▲	❶	①	マルーンエンブレム	牝4	55	藤田菜	1.51.6	鼻	⑧ 8 4	内37.3	④	7.3	384+	2北小島茂
8		❹	⑥	サヤカチャン	牝4	55	西村淳	1.51.8	1¼	5 5 7	外37.8	⑨	21.5	466+	8栗東田所秀
9	△	❺	⑧	エルビッシュ	牝6	55	藤岡康	1.51.9	½	4 2 2	中38.2	⑥	12.2	450−	8栗東角居勝
10		❽	⑭	メイショウナゴミ	牝7	55	国分優	1.52.0	¾	15 13 14	外37.1	⑮	201.2	452−	8栗東南井克
11		❸	④	トウカイシェーン	牝6	55	松田大	1.52.0	首	11 11 12	中37.6	⑪	59.1	468−	4栗東北出成
12		❷	③	ウインミレーユ	牝6	55	吉田隼	1.52.2	1	11 15 15	中37.2	⑬	84.1	474+	4栗東梅田智
13		❽	⑮	プリンセスアスク	牝8	55	荻野極	1.52.2	首	1 2 2	内38.5	⑭	116.0	462−	6栗東河内洋
14	△	❹	⑦	バケットリスト	牝4	55	菱田裕	1.52.4	1½	5 2 4	中38.6	⑧	16.3	468−	8北高橋文
15		❼	⑬	ハイドラン	牝4	55	城戸義	1.52.5	首	3 5 8	中38.6	⑫	83.8	468−	4栗東奥村豊

単⑪810円　複⑪290円　⑩270円　⑨470円
馬連⑩―⑪2700円⑪　枠連❻―❻3260円⑮
馬単⑪―⑩5030円⑱　３連複⑨⑩⑪11960円㊷
３連単⑪⑩⑨56040円186
ワイド⑩―⑪950円⑨　⑨―⑪1740円㉑　⑨―⑩1830円㉓

以前の１００点を最近では30〜40点にしているが、それでもどこか一つのレースだけは荒れる、という作戦は変わらずなのである。まさか一発目で７番人気が勝ち、２発目でビリ人気馬が勝つなんて想定外だ。なんとこの日のＷＩＮ５で、私の指名馬が勝ったのはこの小倉の太宰府特別だけ。その小倉メインの太宰府特別、私の指名馬３頭が１〜３着したのだから、３連複なら１点で仕留めていたことになる。１０００円をそっと入れておけば、それだけで12万弱だ。買えよ。

それにしてもこのところ、さっぱり当たらない。ひところ私同様に絶不調だったオサムは私より一足早く、ドロ沼を脱しつつある。この日も小倉４Ｒと阪神最終の馬連を仕留めている。その配当は、４１３０円と７５４０円だから素晴らしい。馬連にしたの？　と問い合わせると、馬連と馬単にしたのだという。馬単？　ちょっと待ってくれ。小倉４Ｒの馬単は９２７０円で、阪神最終の馬単は1万4410円だぜ。これも取ったのか、と思ったら、馬連は当てたものの馬単は2着馬から買っていたという。おお、惜しい。でもこのくらいの配当を2本取ればプラスかと思ったら、他に多く買いすぎたのでこの日はマイナスとの返事。来週からは馬連だけにしますとのことだ。そうか、当たらないときはそういうふうに馬券の種類を変えてみるのもいいのかもしれない。私はどこまでも3連複一本で、種別を変更していない。この日は予想は当たっていたものの、安い配当はカットというマイルールのために、2本涙をのんだが、この作戦も変更なし。

この日連絡のなかったアキラは東京マラソンを走っていたようで、雨降る中を、しかもあの寒さの中を走るのは大変だ。しかも4時間切りというから立派である。私なら42キロを歩いたらそれだけで10時間は超えてしまうだろう。さらに素晴らしいのは、競馬をやっていた私やオサムにとって金の減る一日だったのに比べ、アキラは金が減らないのだ。これがなによりもうらやましい。

WIN5のほうは、4発目の阪神11R大阪城Sを15頭中13番人気の③スピリッツミノルが勝って、キャリーオーバーへの道を一直線。ここまで7番人気→14番人気→5番人気→13番人気、なのだ。これでキャリーオーバーにならなかったら、神も仏もない。と思ったら、まだ残っているのが7票もあるという。すごいな、まだ残っている人がいるのか。

2回前のときは5発目を迎えたときに残っていたのは5票。これはキャリーオーバーだろと思ったら、5番人気が勝ったのにたった1票が的中で4億7000万が一人占め。いるんである。的中者が。あのときと比べて、今度は7票も残っている。5票でも当てる人がいるのに、7票ではもっと条件が悪い。いそうだよな今回も。

今週の5発目は、弥生賞。1番人気②ニシノデイジー、2番人気①ラストドラフト、3番人気③カントル、4番人気⑧ブレイキングドーン、5番人気④サトノラディウス、6番人気⑤シュヴァルツリーゼ、このあたりまでは当たりそうなのでヤバイ。いや、7番人気の⑥ヴァンケドミンゴも、9番人気の⑨ナイママも誰かがいそうだ。たぶん確実なのは、10番人気（ビリ人気）の⑦ラバストーンくらい。この馬が勝てば、おそらくキャリーオーバーは確実だ。自分の馬券が全然当たらないから、もうキャリーオーバーを祈るしかないのである。それもなんだかむなしいが、ひたすらそれを祈るのである。すると勝ったのが8番人気の⑩メイショウテンゲンで、キャリーオーバー決定！　昨年の有馬記念の日以来である。来週はオサムと中京入りするので、キャリーオーバーになったら来週が楽しみだよねえとメールしていたのだが、まさか本当にそうなるとは。まあ、WIN5は当たらないほうが圧倒的に多いから、腹の足しにはならないのだが、楽しみが増えるだけいいだろう。それしか楽しみがないのだ！

名古屋の三大美味はこれだ

2回中京初日の10Rフローラルウォーク賞。3歳500万下の芝1600m戦だが、スタートと同時に、③ブルスクーロがぽんと飛び出して先頭に立つ。えっ、逃げるのか。新馬戦を番手先行で勝ったものの、これまで逃げたことは一度もない。その直後につけたのが、⑨ミッキースピリットと⑪エイカイキャロル。おお、そのままだ。私は8番人気の③ブルスクーロを軸に、⑥マイネルウィルトス（1番人気）、⑨ミッキースピリット（2番人気）、⑪エイカイキャロル（9番人気）に馬連を各1000円買っている。オッズは順に、25倍、40倍、300倍である。だから、この態勢のままフィニッシュすると、いったいいくらになるんだ。いやあ、楽しい。しかしこのまま決まるなんて、そんなことはないよなあ。とかなんとか、いろいろ考えているうちに馬群はそのままの態勢で4コーナーを回っていく。先頭を行く③ブルスクーロの鞍上（荻野極だ）の手はぴくりとも動いていない。これは、もしかすると、もしかするかも。しかし、まだ叫ぶには早すぎる。ゴール200m手前になっ

2回中京初日　10R　フローラルウォーク賞

着順	予想	枠番	馬番	馬名	性齢	斤量	騎手	タイム	着差	通過順	上り	人気	単勝オッズ	体重増減	厩舎
1	△	❶	①	ピースワンパラディ	牡3	56	丸山元	1.34.8		⑪⑩⑩外	33.0	③	6.3	452-	6美大竹正
2	△	❸	③	ブルスクーロ	牡3	56	荻野極	1.35.0	1	1 1 1内	34.1	⑧	20.1	512+	8栗池添学
3	▲	❼	⑨	ミッキースピリット	牡3	56	北村友	1.35.1	½	2 2 2中	34.0	②	3.8	486+	2栗音無秀
4	◬	❹	④	レースガーデン	牝3	54	藤岡康	1.35.3	1¼	⑨7 7内	33.8	⑥	11.0	448-	8栗池江寿
5	○	❻	⑥	マイネルウィルトス	牡3	56	丹内祐	1.35.5	1¼	⑧7 8外	33.9	①	2.9	462-	4栗宮　徹
6	△	❷	②	カレングロリアーレ	牡3	56	鮫島駿	1.35.5	首	6 7 8中	33.9	⑦	12.9	448-	4栗安田隆
7	△	❻	⑦	サダムゲンヤ	牡3	56	川須栄	1.35.5	頭	4 4 4内	34.3	⑤	8.5	492-	8栗中尾秀
8		❽	⑩	リゲイン	牝3	54	中井裕	1.35.8	2	5 4 5外	34.4	⑩	186.8	428+	2栗宮本博
9	◎	❺	⑤	トロイメント	牝3	54	吉田隼	1.35.8	首	6 4 5中	34.4	④	7.5	426+	2栗西浦勝
10		❽	⑪	エイカイキャロル	牝3	54	岩田望	1.36.5	4	2 2 2外	35.4	⑨	44.5	454-	4栗藤原英
11		❼	⑧	イクスパイアーズ	牝3	54	的場勇	1.38.1	10	9 11 11中	35.8	⑪	254.0	464-	2地的場均

単①630円　複①240円　③480円　⑨180円　　ブリンカー＝③
馬連①—③6400円㉓　　枠連❶—❸8260円㉒
馬単①—③8750円㉟　３連複①③⑨9160円㉞
３連単①③⑨57600円201
ワイド①—③1880円㉕　①—⑨640円⑦　③—⑨1190円⑰

てまだこの態勢なら、そのときに叫ぼう。と思っていると、まず⑪エイカイキャロルがタレていく。しかし先頭の③も、番手の⑨も、まだ脚いろはしっかりしている。ゴール200m手前の地点で、初めて叫んだ。「そのままそのまま」「おぎのおぎの」。いやあ、競馬は楽しいぞ。

今週は金鯱賞を観戦しに、オサムと二人で中京競馬場に出撃。私にとっては、2019年初めての遠征である。土曜は朝の10時半に名鉄名古屋駅のホームでオサムと待ち合わせ。以前は一人で先に中京競馬場まで行き、競馬場でオサムの到着を待っていたが、行くと朝から馬券を買いたくなるので、最近ではホームで待ち合わせすることにしている。ところが、3Rまでの馬券を買いましたとオサムからメール。おいおい、朝から買うのかよ。仕方ねえなあと私も3Rまでの間でちょっと面白そうなレースを選んで、買ってみた。今回は、地雷也の天むす弁当を高島屋の地下で買っていくのが土曜のテーマだったが、おいしいんですね地雷也の天むす弁当。昨年暮れには同じく高島屋地下の浪花古市庵のちらし寿司を買っていったが、これも美味で捨てがたいものの、いつも同じではなあと今回は趣向を変えてみたわけだ。ただし、地雷也の天むす弁当を買ったあと、浪花古市庵を覗いてみると「海鮮渦潮巻」という太巻がおいしそうだったので、今年はこれも追加で購入。これ、去年もあったのかなあ。ホントに美味だった。ひつまぶしや味噌煮込みうどんや台湾ラーメンをはじめ、名古屋にはおいしいものが多いが、地雷也の天むす弁当、浪花古市庵の海鮮渦潮巻、そして喫茶店コンパルのエビフライサンドは、名古屋の三大美味として強くおすすめしたい。

というわけで、フローラルウォーク賞の最後の直線だが、懸命に逃げ粘る③ブルスクーロと⑨ミッキースピリット（このままの態勢で決まると馬連37倍がヒットするほか、３連複もゲットする可能性が高い）に、外からすごい脚で迫ってきたのが、①ピースワンパラディ。えっ、と思ったが、おお、最後にこの馬を追加したんだと思い出した。しかも相手がこの馬のほうが太い。ええとええと、たしか馬連は60倍はあったはずだ。頭の中がぐるんぐるんしているうちに、その①ピースワンパラディ、私の③も、２番手で頑張っていた⑨もすごい勢いで差し、先頭に躍り出た。これで、③が⑨の追撃をしのげば、馬連60倍がヒットする。ええと、いくら買ったんだっけ。馬連③⑨は間違いなく1000円購入した。馬連①③も1000円買ったかなあ、そうしていると6万だ。「そのままそのままそのまま！」。思い切り叫ぶとそのままの態勢でゴール。急いでタブレットで投票履歴を調べてみた。この馬連、お前はいくら買ったんだ？

信じがたいことに、馬連①③はまったく買っていない！　えっ、嘘だろ。私が買っていたのはワイド①③の1000円。しかも①絡みの3連複は1円も買っていないのだ。それで思い出した。①が気になったのは最後の最後で、それまでに馬連3000円、3連複3000円、合計6000円を入れていたので、ここで①絡みの馬連と3連複を追加するのにためらって、ワイドを1000円追加するにとどめたのだ。ケチるなよ。せっかく8番人気の馬が激走したのに、ワイド1880円だけとはなあ。こういうチャンスをモノにしていかないと浮上の目はない。

終わってみると土日で全治1ヵ月。もしも土曜中京の10Rで、馬連と3連複をがつんと取っていたら絶対に流れは変わっていただろう。オサムは完全に復調したようで、今週も中穴の馬連をばしばし当てていた。いいなあお前。大名古屋ビルヂングがいつの間にかきれいになっていて（3周年だという）、新幹線の時間が来るまで、その上のほうのレストランで静かにグラスを傾けたのであった。

心が折れないかお前

2回中山8日目の10R千葉S。4歳以上オープンのダート1200mハンデ戦だが、⑯ウインオスカーがスタートと同時にポンと飛び出した。⑮シュウジと⑬ナンチンノンもいいスタートで、すぐに⑬→⑮→⑯と隊列も決まり、そのまま4コーナーに向かっていく。直線を向くと⑬がいっぱいになり、⑮シュウジがまず先頭に躍り出る。⑯ウインオスカーもすぐにそのあとを追う。この2頭が抜け出して他馬を引き離していく。後ろからは何にも来ない。この2頭のマッチレースだ。さあ、来い。菱田菱田、ひしだひしだ。⑯ウインオスカーの鞍上が菱田なのである。ようやく後ろから2頭が迫ってきたが、⑪ブルミラコロと②タテヤマは3着争いで、前の2頭をかわすほどの勢いはない。ということは、⑯ウインオスカーが⑮シュウジを差せば、完成だ。私の3連単馬券がヒットする。3着は②でも⑪でもいいのだ。できれば2番人気の②よりも5番人気の⑪のほうがいいけれど、それもこれも⑯ウインオスカーが⑮シュウジを差して1着にならなければ、何にもならない。

こうして、ゴールまでの長い長い最後の1ハロンが始まった。

それにしても朝のうちはどうしてパドック診断が決まるのか、不思議で仕方がない。たとえばこの日の中京1R、⑬フォリオールの気配が私にはいちばん良く見えた。前3走が11着6着7着という馬で、手元の新聞には△が1つ付いているだけなのに、それでも5番人気というのが不思議だったが、きっちりと3着してその複勝が430円。①バスクベレーとのワイドも買っていたのだが、その1番人気馬は4着だったので当たったのは複勝だけ。手元の新聞の本紙◯▲が1～2着して、私の複穴⑬が3着の3連複がちょうど100倍。そんなにつくのかよ。そっちを買えばよかった。コノヤロと中京1Rの複勝の配当金の全額（つまり4300円）を中山1Rの⑨メジャーセブンスの複に突っ込んだ。この馬の気配が目立ったのである。4番人気の馬だが、これもぴったり3着で、その複勝は270円。ということは、複ころがしが成功して1万超え。ずっと複勝だけでいいんじゃないか。そんな気がしてきた。しかし、いいことは続かない。中京2Rの⑧カフジマーキュリー（7番人気で8着）、中京3Rの⑪デスパシート（5番人気で10着）と2回続けてスカという結果で、午前中の複勝遊びはこれにて終了。この2鞍はちょっと自信がなく、というよりもそろそろ外れるころだよなと、各2000円と控えめの投入にしたのが正解で、午前中の複勝遊びはプラス7000円で終わったわけである。ほんの少しのプラスにすぎないが、これだけ楽しんで、プラスなら言うことはない。

そのあとずっと、パドックで「これは」と思う馬がいなくて忘れていた。というよりもパドックは午後になってもじっくりと観察するが、抜けた馬はいつもあまりいないのである。なぜか、パドックで気配の目立つ馬は朝のうちのほうが多い。ところが、中山10R千葉Sで久々にピカッと来た。それが8枠の2頭。⑮シュウジと⑯ウインオスカーだ。もともと⑯ウインオスカーは私の本命だったから、この馬を軸にして3連複を購入していたが、こんなにデキがいいのなら1着固定の3連単も買おう。そして馬連も買ってしまえ。ここがこの日の勝負だ。そして、その⑯ウインオスカーが2番手から先頭の⑮シュウジに迫っているのである。「差せ差せ差せ差せ」「ひしだひしだひしだ！」。テレビに向かって叫んだ。面白いぞ競馬。ところが、⑯ウインオスカーと⑮シュウジの差は詰まらず、というか逆に離されていたのではないか。結局、⑯ウインオスカーは2着でゴール。この馬を1着に固定した3連単しか買っていなかったので、これではダメなのである。もしも⑯ウインオスカーが1着だったときの3連単の配当を調べてみたら、7万9260円。おお、釣り逃がした魚はでかい。5番人気の⑪ブルミラコロを3着にだけつけたのはファインプレーだったが（結果はこの馬が3着）、それを生かせなかったのが痛恨。3連複ではこの馬を買っていなかったので、そちらの1万4110円が抜け。待てよ、馬連は当たっている。馬連⑮

⑯（3730円）をゲットしたのだけが救い。

終わってから深く反省したのだが、3連複など買わずに、その分を⑯ウインオスカーが2着の3連単にまわすべきではなかったのか。そうしておくと、7万3240円がヒットしていた。改めて思うのだが、3連単は配当がでかい。3連複などやめて3連単に作戦を変更しようかと迷いだす。これくらいの配当なら1日に1本仕留めればいいのだ。しかしいまでも当たらないのに、3連単を中心にしたらますます当たらなくなるよな。それに耐えられるかお前。本当に心が折れないか。そう自問すると、途端に自信がなくなってくる。どうするどうする、と迷いだすのである。

複勝がなんと6410円！

競馬エイトに「きょうのあなた」という占い欄がある。雑誌などの占いのページはまったく見ないくせに、この占い欄だけはいつも楽しく読んでいる。高松宮記念の日の「8月生まれ」がすごかった。「好きなように遊んでいい日」というのだ。いいなあ8月生まれ。同日の私の生まれ月なんて「気合がすっと抜けてしまう」だ。気合が抜けるって具体的にどういうことを指すのかわからないが、こういうのを読むだけで力が抜けてくる。競馬場に行くたびに、一緒に行った友に「君、何月生まれ？」と尋ねて、この占い欄を読み上げるのが習慣になっているが、自宅でPATの日だと話しかける友がいない。じゃあ、メールしようかなと思っていたら、福岡のオサムからメールが来た。この日は知人の畑を手伝いに行っているらしい。昨年の夏に蜂に刺されたのはこの畑です、と写真も添えられていた。そういえば、去年の夏、小倉で会ったとき、手を大きく腫らして来たことがある。そうか、あのときの畑か。馬券は朝のうちに全部買ってから外出したらしいが、この日まったく買わずに外出したのはアキラだ。彼は休日にもかかわらず出勤で、阪神の最終レース（4歳以上1000万下のダート1800m戦）をサマーバード産駒の⑫フォーカードが勝ったことをあとで知り、どうしてオレが買わないときに来るの、とぼやいていた。彼はサマーバード産駒が出てくるときは必ず買っているのである。しかしこの⑫フォーカード、手元の新聞にほとんど印はないのに7番人気で、その単勝が1350円しかつかないとは、みなさん、競馬がうまい。つまりこの日はいつもLINEでやりとりしているオサムもアキラも外出していたので、競馬関連の話題をメールするのは申し訳ないという日であった。

そんなときに、久々にシゲ坊からメールが来た。中京5Rの⑬ギンコイエレジーに自信ありと言うのだ。シゲ坊はときおりこうして自信があるときは教えてくれるのだが、もちろんすべてが当たるわけではない。統計を取っているわけではないが、半々か。しかし半分当たればすごいよな。調べてみたらその時点で5番人気。せっかく連絡をくれたのだから買ってみようとこの馬を軸にして3連複を購入したら、猛然と追い込んできたものの、4着。1着が2番人気の⑥アンリミットで、2着が4番人気の⑧サクステッドだったから、たとえ⑬ギンコイエレジーが3着に届いても、たいした配当ではない。あとで調べてみたらその場合は5180円だった。でもこういうのを取れば、流れも変わっていたかもしれない。この日はなぜか3連単を買おうと思い（先週惜しいところで逃した影響があるのかもしれない)、5レースを選んだが、もちろん当たるわけがない。3連複が当たらないのにどうして3連単が当たると思ったのか。それは3連複の場合、100倍以下をカットしたために外す、ということがよくあるのだ。これを3連単にすれば、100倍以下はめったにないだろうから、同じような馬を選んでも当たるのではないか、と考えたわけである。購入金額を抑えるために着順固定にして、総点数は20点か30点。これくらいならいいだろう。着順を固定するだけに3連複より窮屈になるが、それはやむを得ない。惜しかったのは1番は中山最終。4歳以上1000万下のダート1200m戦だが、1着に固定したのは1番人気の⑯シアーライン。手元の新聞に、480キロ以下の馬は〔01221〕というデータが載っていたので、15頭の中からそれに基づいて5頭を切り、残った10頭から、②アーバンイェーガー(4番人気)、⑥エタニティーワルツ(11番人気)、⑦アグネスエーデル(9番人気)、⑫カフェライジング(12番人気)、⑮グッドヒューマー(2番人気)という5頭を選びだした。最初は、2番人気⑮グッドヒューマーを2着に固定しようかとも思ったが、それではつまらないと5頭を2~3着に置いてみた。これで20点だ。で、1着に固定した⑯シアーラインが危なげなく勝ったのである。2着は⑮グッドヒューマーで、いちばんおいしくないが、それはもう仕方がない。そして3着は、⑩ジャスパーウィンと⑫カフェライジングが馬体を併せて叩き合っていたので、思わず「カズオ!」とテレビに向かって叫

2回中京6日　11R　高松宮記念

着順	予想	枠番	馬番	馬名	性齢	斤量	騎手	タイム	着差	通過順	上り	人気	単勝オッズ	体重	増減	厩舎
1	▲	❷	③	ミスターメロディ	牡4	57	福永祐	1.07.3		4 5	中33.6	③	7.8	492	-4	栗藤原英
2		❷	④	セイウンコウセイ	牡6	57	幸　英	1.07.4	½	3 2	内33.9	⑫	108.0	504	-4	美上原博
3		❹	⑦	ショウナンアンセム	牡6	57	藤岡康	1.07.4	頭	13 11	中33.4	⑰	358.9	490	0	美田中剛
4	○	❼	⑬	ダノンスマッシュ	牡4	57	北村友	1.07.5	½	4 2	中34.0	①	2.5	472	-2	栗安田隆
5		❸	⑤	ティーハーフ	牡9	57	国分優	1.07.6	½	11 8	中33.7	⑪	92.8	468	-6	栗西浦勝
6	△	❹	⑧	レッツゴードンキ	牝7	55	岩田康	1.07.6	鼻	15 14	中**33.3**	⑤	9.8	504	-2	栗梅田智
7	△	❽	⑯	デアレガーロ	牝5	55	池添謙	1.07.8	1¼	⑭ 14	中33.5	⑧	36.7	480	-6	美大竹正
8	◎	❻	⑫	ロジクライ	牡6	57	ルメール	1.07.8	首	⑪ 12	中33.7	④	9.2	516	-2	栗須貝尚
9	▲	❸	⑥	アレスバローズ	牡7	57	川田将	1.08.0	1½	⑥ 5	中34.2	⑦	14.2	500	-4	栗角田晃
10		❶	②	ラインスピリット	牡8	57	森　一	1.08.1	½	6 8	内34.2	⑯	317.4	444	-2	栗松永昌
11		❽	⑰	ダイメイフジ	牡5	57	丸山元	1.08.1	鼻	9 12	中33.9	⑭	129.8	528	+10	栗森田直
12		❼	⑭	ペイシャフェリシタ	牝6	55	松田大	1.08.1	鼻	9 8	中34.2	⑮	174.7	494	-4	美高木登
13		❻	⑪	ヒルノデイバロー	牡8	57	横山典	1.08.8	4	⑱ 18	中34.3	⑱	414.1	514	-8	栗昆　貢
14	△	❺	⑨	ナックビーナス	牝6	55	大野拓	1.08.9	¾	⑥ 5	外35.2	⑥	11.4	528	+2	美杉浦宏
15	△	❼	⑮	モズスーパーフレア	牝4	55	武　豊	1.09.0	首	1 1	内35.8	②	4.1	480	-6	栗音無秀
16		❽	⑱	ダイメイプリンセス	牝6	55	Mデムー	1.09.1	½	⑰ 18	外34.6	⑨	40.6	506	+18	栗森田直
17		❶	①	スノードラゴン	牡11	57	藤田菜	1.09.2	½	⑮ 18	内34.7	⑩	80.5	514	-4	美高木登
18		❺	⑩	ラブカンプー	牝4	55	酒井学	1.09.3	¾	2 2	中35.8	⑬	110.1	442	+8	栗森田直

単③780円　複③320円　④2210円　⑦6410円　　ブリンカー＝⑪⑩
馬連③—④30530円㊸　　枠連❷—❷33310円㉛
馬単③—④49630円㊷　　３連複③④⑦870740円476
３連単③④⑦4497470円2312
ワイド③—④7590円㊼　③—⑦30460円100　④—⑦88520円136

ぶと（⑫カフェライジングの鞍上が横山和生なのだ）、一度は⑫カフェライジングが前に出たのだ。その態勢になったので、よしと喜ぼうと思う間もなく、無情にも内から⑩ジャスパーウィンに差し返されてしまった。もしも⑫カフェライジングが3着だったら、配当は283倍。びっくりするほどの額ではないが、取りたかったなあ。

　夕方、シゲ坊からメールが来た。高松宮記念で⑦ショウナンアンセムの複勝を取ったという。18頭立て17番人気の馬をよく本命にできるよなあ。相手が違ったのでゲットしたのは複勝だけだったようだが、その複がなんと6410円。すげえなシゲ坊。5Rじゃなくてこっちを強く薦めてほしかった。

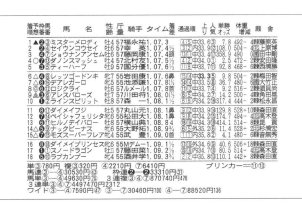

久々に中山へ

その日のメインレースや、勝負レースなどの馬券を、時間を置いてばらばらと買うことがある。レースの前にまとめて買うのではなく、朝とか昼とかに、ばらばらと買うのだ。忘れないうちにこの馬連を買っておこうとか、えっ、この3連複がこんなにつくのなら500円だけでも押さえておこうとか、ひらめいたときにそのつど買ってしまうのである。だからメインレースとか勝負レースの直前になると、この馬連は買ったかなあ、3連複のヒモにこの馬は入れたかなあ、とわからなくなることがある。そういうときは投票履歴を呼び出して、いちいち確認しなければならない。3回中山3日目も、ダービー卿CTの返し馬で⑯キャプテンペリー（14番人気）が少し気になったので、待てよこの馬は買ったかなあとわからなくなって投票履歴の画面を呼び出した。すると、☆印がぽつんと付いていた。いや、厳密に言うと☆印ではないのだが、何と言うのかわからないので、私は☆印と呼んでいる。何か、取り消したのかと思った。この印は馬券が的中したときと返還馬券があったときに付けられる。当たった記憶はないから、返還だろうと思ったわけだ。

で、そこを開けてみると、おやおや、私の買った馬券が的中している。阪神10Rの仲春特別の3連単1万8440円が当たっているのだ。何これ？　と思った瞬間に思い出した。

この日は、たそがれのトシキとアキラを誘って久々に中山競馬場に出撃したのだが（今年の金杯以来である）、前日に5時間も検討したので眠くて眠くて、朝からあくびばかりしていた。ここ数年、前日検討は2時間程度だったのに、なぜ5時間も検討したのかというと、あまりにも最近の成績がひどいからだ。同じように一時は絶不調だったオサムは一足先に不調から抜け出したが、私はいまだに抜け出せない。そこで今週から人生をやり直すことにしたのである。馬券の種類を変えてみるとか、レース数を絞るとか、これまでとは違う方法をいろいろと考えたが、たどりついた結論は原点に戻ろうということであった。オサムは馬券の種類を馬連に変えてボウズ地獄から抜け出したが、私は検討時間を増やすことを切り札にと考えたのである。昔は、1場だけの発売なのにいつも5〜6時間かけて検討していたのだ。それがいつの間にか3場なのに2〜3時間。明らかに時間が減っている。検討したからといって突然馬券が当たりだすわけでもないが、昔のようにびっしりと検討してみよう！　今週は2場開催だから全部で24レース。少頭数のレース、障害戦、さらにあまりにも堅そうなレースはやらないので、実質的に検討の対象は16レース。だから

5時間かけても1レース平均は19分弱だから、たいしたことではない（これは堅い、と結論するとそれ以上の検討をやめてしまうレースもあるから、30分以上も検討するレースもある）。土曜の午前中は馬券を買うのに忙しくて睡魔も襲ってこなかったが、それが全部外れるとあとはうとうとの繰り返し。で、はっと目が覚めたらモニターはパドック中継をやっていて、1頭の馬の素軽い様子が目に飛び込んできた。なんだあの馬は？　それが阪神10R仲春特別の④グランドロワだった。調べてみたら単勝オッズは5倍ちょっと。それではその単勝を2000円買ったつもりで3連単を買おうとひらめいた。この馬を（4番人気）1着に固定して、5頭を拾って2～3着におけば、それで2000円だ。これくらいなら捨ててもいい。10頭立てなので、前日はまったく検討をしていないレースである。だから選んだ5頭も適当である。

　で、そのまま馬券を買ったことを忘れてしまったのであった。あとで調べたらこの馬が逃げ切り、2着が⑩ブルベアトリュフ（5番人気）、3着が⑨モアナ（1番人気）で、その3連単の配当が1万8440円。2000円が9倍になったわけである。しかし当たるならレース実況を見て、「そのまま、そのまま」と叫びたかった。それだけが心残り。結局この日は5時間かけて前日に検討したレースはすべて外れ。当日に思いつきで買った馬券がひとつだけ当たるという皮肉な一日であった。なんだかなあ。

先週、買い間違えて万馬券を当てたというトシキと（もっともこの翌日の日曜日に35倍の枠連を500円ゲットしたのに残金が増えてないのでおかしいなと思ったら、今度はレース番号を間違えていたという）、ずっとボウズなんですうと嘆いていたアキラは、ともに中山最終の3連複8420円をゲット。どうしてこの8番人気で2着した⑬スペルマロンを拾えるのかとアキラに尋ねたら、「だって調教がいいでしょ」。本当だ。競馬エイトの調教3頭の1頭であった。こういうのを見落とすようでは前日に5時間検討したといっても、威張れない。私は何を見ていたのか。検討というのは、時間ではないのだ。その密度なのだ。しみじみと、そう思う。また来週から人生をやり直しだ！

モンテロッソが来た!

はっと目が覚めた。歓声が聞こえたから目を覚ましたのかもしれないが、よくわからない。「来ましたよ」と隣でオサムが言う。目覚めたばかりで頭がまだボーッとしているので、何を言っているのか、全然わからない。阪神競馬場4階のAシートである。桜花賞の日である。そのくらいはわかっている。しかし、いまはどこの何レースなのか。「ニッポンテイオーが勝ったんですよ」オサムが興奮気味に言うのだが、その意味が頭に入ってこない。ニッポンテイオー? それは何? 「2着は、7番だったんですけど、それを2番が差しちゃいました」。こいつは何を言っているのか。意味が少しずつ広がっていく。頭の中に入ってくる。福島10Rだ。燧ケ岳特別だ。もう終わったのか。で、勝ったのが⑪ニッポンテイオーなのか。えーっ、オレの本命ではないか。それで2着が、⑦マサハヤニース? いや違うか、それを②シゲルシイタケが差したんだ。「モンテロッソですよ。買わなかったんですか」。なおも、オサムが言う。えっ、何? モンテロッソ? ちょっと待ってくれ、ちょっと待っ

1回福島2日　10R　燧ヶ岳特別

着順	予想	枠番	馬番	馬名	性齢	斤量	騎手	タイム	着差	通過順	上り	人気	単勝オッズ	体重増減	厩舎
1	▲	❻	⑪	ニッポンテイオー	牡4	57	西村淳	2.39.6		9 8 4 中	**36.0**	⑤	8.3	452+8	栗東大久保龍
2	△	❷	②	シゲルシイタケ	牡4	57	太宰啓	2.40.8	7	12 11 7 中	36.9	⑦	15.5	456 0	北中野栄
3		❹	⑦	マサハヤニース	牡4	57	川又賢	2.40.8	首	7 3 1 中	37.4	⑨	18.7	474−14	栗東今野貞
4	△	❷	③	リードザフィールド	牡5	57	木幡巧	2.41.1	1¾	⑪ 8 7 中	37.4	⑧	18.6	460+2	南大江原哲
5	◬	❸	⑤	ジャディード	牡4	57	丸田恭	2.41.2	首	7 3 2 中	37.8	①	4.3	442 0	北小島茂
6	○	❺	⑧	ミレフォリウム	牝4	55	津村明	2.41.7	3	1 1 2 内	38.7	③	4.8	490+2	南中舘英
7	△	❸	④	ヘブンリーデイズ	牡4	57	菱田裕	2.41.8	¾	5 6 6 内	38.3	④	7.9	444−2	栗東矢作芳
8		❼	⑫	ルーラーキング	牡5	57	横山武	2.42.1	1¾	14 13 10 内	37.8	⑪	30.9	470−8	北小笠倫
9		❹	⑥	ロイヤルディクリー	牡4	57	吉田隼	2.42.4	2	2 2 4 内	39.2	⑥	14.8	544+16	栗東藤岡健
10	◎	❺	⑨	バラダガール	牝5	55	杉原誠	2.43.8	9	⑤ 3 7 中	40.4	②	4.7	560 0	北国枝栄
11		❶	①	エクスパートラン	牡4	57	小崎綾	2.44.1	2	12 13 13 中	39.7	⑩	27.4	462+4	栗東小崎憲
12		❻	⑩	フレスコパスト	牝5	55	黛　弘	2.44.2	首	9 12 11 中	40.1	⑫	54.6	430+2	北中野栄
13		❽	⑮	ノーブルバルカン	牡4	57	西田雄	2.45.0	5	4 6 11 内	41.5	⑭	101.5	456+6	北武藤善
14		❽	⑭	トキメキジュピター	牡4	57	菊沢一	2.45.8	5	2 10 14 内	42.0	⑮	139.4	492−8	南浅野洋
15		❼	⑬	プロヴェルビオ	牝5	55	藤田菜	2.46.8	6	⑮ 15 15 内	40.6	⑬	72.4	448−4	南根本康

単⑪830円　複⑪280円　②380円　⑦510円
馬連②—⑪5990円㉕　　枠連❷—❻3250円⑫
馬単⑪—②11090円㊺　３連複②⑦⑪41890円127
３連単⑪②⑦226460円682
ワイド②—⑪1760円㉑　⑦—⑪2160円㉘　②—⑦4940円㊿

てくれ。まだ頭がボーッとしていて、意味が鮮明にならない。２着の②シゲルシイタケはモンテロッソの産駒だというのだが、それと私は何の関係があるというのか。あーっ、モンテロッソが本当に来たのか！　嘘だろ本当か。待ってくれ。ちょっとだけ待ってくれ。

　金曜の夜は一睡もせずにそのまま新幹線に乗ったので、とにかく眠い。土曜の夜はそれでも6時間は睡眠を取ったのだが、それくらいでは回復せず、つい指定席で寝てしまったのだった。その日曜は阪神３Ｒの勝負に負けて、あとは桜花賞まで買うレースもないのでこうなると気が緩むので睡魔に襲われるのも無理はない。寝たら絶対に起きないので金曜の夜は、以前購入した競馬本をいろいろ読んで過ごしたのだが、その中にモンテロッソについて書いてある本があった。モンテロッソはドバイワールドカップの勝ち馬なので、ステイヤー血統であると。叩いた方がいいということ、馬群を苦にしないので内枠がいいこと、福島で上がりのかかる競馬になれば一発が期待できること——そんなことが書いてあった。芝2600mの土曜福島8Rに、②ミレニアムドリームというモンテロッソ産駒がいたので（しかも母父がエルコンドルパサーだ）、こっそり買うと13番人気で15着。過去3走が25馬身、23馬身、24馬身と負けていた馬なのでこれは仕方ないかも。そのリベンジが日曜福島10Rの燧ケ岳特別（4歳以上500万下の芝2600m戦）だったのである。ここにモンテロッソ産駒の②シゲルシイタケ（母父はダンスインザダーク）が出ていた。こちらは前走が小倉の2600m戦で4着、4走前の東京戦では2400mで3着。7番人気だが、土曜の馬よりは脈がありそうだ。問題は、土曜の福島でキングマンボ系の馬が爆発したように走りまくったこと。それですっかりモンテロッソのことを忘れてしまった。この燧ケ岳特別に、キングマンボ系の馬が6頭も出ていたので、まずこの6頭の3連複ボックス20点。次にその6頭の中から、5番人気の⑪ニッポンテイオーを軸にして、残りの5頭に流す3連複10点。さらに、⑪ニッポンテイオーを1着に固定して残り5頭を2〜3着に置く3連単（これが20点）。ここまでで全部で50点である。⑪ニッポンテイオーが頭で来て、キングマンボ系の馬が2〜3着を占めれば全部当たるから、いったいいくらになるのか。1番人気も2番人気も消しているから、結構な配当にはなるだろう。

そうだ、ようやく思い出した！　モッテロッソ産駒の②シゲルシイタケは、3連複も3連単も買ってない！　だが、ちょっと待ってくれ、ちょっと待ってくれ。最後に何か買ったぞ。えええと、えええと、おれは何を買ったんだ？　そうだ、馬連だ。最後の最後に、⑪ニッポンテイオーから馬連を5点だけ買ったのである。いくら前日、キングマンボ系の馬が大暴れしたからといって、1～3着を全部独占するとは欲張りすぎる。そんなに甘い話はないだろう。しかし1～2着ならあるかもと本命の11番から馬連を買うことにしたのだ。

残りの5頭への馬連オッズを調べると低配当の目があるのでそれをカットし、そこに②シゲルシイタケを入れたのである。そうだ、完全に思い出した。馬連だ。馬連を買ったのだった。「馬連は5990円ですね」。すぐにオサムが教えてくれた。驚いたのは、投票履歴を開けてみたら、☆がもう一つ付いていたこと。なんと、2枠と6枠の枠連を買っていて、それが的中していた。6枠は⑪ニッポンテイオーの枠だが、シゲルシイタケの2枠に③リードザフィールド（4着！）が入っていてこれが気になっていたので枠連を押さえたのであった。その枠連が3250円。ここまで予想が当たっていたのなら、418倍の3連複と、22万の3連単も取りたかったなあ。どうしてこれが取れないのか！

ウインズ川崎の春

　知人の主催するイベントのゲストに呼ばれた。何も皐月賞の日にやらなくてもいいのに、とは思うものの、世間様は競馬を中心に動いているわけではないので、これはやむを得ない。イベント終了が午後2時なので、速攻帰途につけば、皐月賞の始まるまでに帰宅することはできる。でもそれはなんだかあわただしい。では、近くの場外に寄る手はないか。イベントの場所は京急蒲田の駅前である。ということは川崎の近くだ。川崎ならウインズもあるのではないか。調べてみたら、おやおや、川崎競馬場の中にＪＲＡウインズがあるという。おお、これなら近い。京急蒲田から京急川崎までは各駅で３駅。急行なら一つ目である。そこで大師線（川崎大師に向かう線だ）に乗り換えれば、隣の駅が港町駅。川崎競馬場は駅前である。２時にイベント会場を出れば、２時30分には着いているだろう。９Ｒにはぎりぎりだが、10Ｒなら楽勝で間に合う。10Ｒ以降のレースは３場合計で９レースもあるから、これだけできれば十分だ。

川崎競馬場には何度も行っている。大井競馬場のほうが多いけれど、それでも川崎にも20回程度は行っている。2号スタンドの指定席（4階の特別観覧席Aだったと思う）に入ったら、ソフトドリンクが無料で、コーヒーやジュースを5杯飲めばモトが取れますよ、と一緒に行った競馬友達がバカなことを言うので、そうかぁとがばがば飲んだことを思い出す。指定席料金が１５００円なので、コーヒーやジュース類が1杯３００円なら5杯でちょうどチャラというわけである。その4階の特別観覧席Aが、川崎本場開催時は１５００円、南関東場外発売時は５００円、ＪＲＡ場外発売時は１０００円、ということを今回初めて知った。あともう一つ、川崎競馬場で忘れがたいのは、首からヒモで吊るした台を持って場内を歩いている予想屋がいたことだ。いまから20年ほど前のことだが、あれは本当に自前の店を持てない予想屋だったのか。それともただの客だったのか、記憶が曖昧である。

２０１６年にリニューアルしたという2号スタンドは、1階も2階も超満員であった。内馬場のほうを見ると、天気が穏やかな日だったので多くの家族連れが見えた。そちらも混んでいる。あまりに混んでいるので2号スタンドを突っ切って1号スタンドに行ってみた。パドックの前にあるのが1号スタンドだ。2号スタンドの混雑ぶりが嘘のようにこちらはがらがら。椅子もあり、モニターもあり、馬券発売所もあるというのに、どうしてここがすいているかというと、1階は風の通り道になっていて、寒いのである。我慢できずにその1号スタンドにある「スパーキングルーム」に飛び込んだ。ガラスで仕切られているので、ここに入れば暖かい。しかも大きなモニターの前の椅子まですいているのだ。どうしてかなあと思ったが、そこはようするに馬券発売所が遠いのである。しかしスマホで買えばいいのだ。だいたいの馬券は朝、自宅を出る前に買っていたが、気になる目がいくつか残っていたのでそれをスマホで追加。各場の10Rには間にあったのだが、阪神10RでいきなりWIN5が外れたので、皐月賞以外のレースは馬券を買う気がなくなってしまった。その皐月賞のパドックでは⑫サートゥルナーリアが超絶ぴかぴかのデキで、人気薄では⑰アドマイヤジャスタがよかった。それをメールすると、「その2頭、ホープフルSの1、2着ですよ」とオサム。急いでオッズを調べると馬連が45倍。それを1000円買ったことはいいとしよう。それくらいの錯覚は許されたい。しかし何もその後、2000円を追加することはなかった。この2000円はどう考えても余分。この日は知人の結婚式に出席していたオサムからメールが来たのはそんなときで、「結婚式が終わったので急いで帰宅途中です。皐月賞のスタートまで6分です。あとは走ります!」。私も速攻でメールを返した。「頑張れ!」。

あとで尋ねると、アキラは④ダノンキングリーを1着に固定し、①アドマイヤマーズと⑫サートゥルナーリアを2着に置き、3着欄は総流しの3連単を買ったという。つまり32

点買いだ。配当オッズは50倍から9500倍までというから、夢いっぱいの馬券である。みんなの夢を乗せて皐月賞はスタートしたが、楽しいのはスタートまでですね。まあ、いいんだけど。

しかしとっても不思議なのは、このウインズ川崎の客はゴール前の接戦のときにまったく叫ばないことだ。皐月賞は1号スタンドで観て、各場の最終は2号スタンドで観たが、どちらも淡々とモニターを見上げているだけ。とても静かなのである。そういう人たちが集まっているのか、それともこの日は例外なのか。もっと歓声や怒号が飛び交うかと思っていたのに、これは意外だった。ふーんふーんと思いながら、川崎競馬場をあとにしたのであった。

時代は3連単だ！

春の東京開催から、馬券作戦を大幅に変えることにした。とにかく当たらないのだ。3開催連続でマイナスで、もう追い詰められている。ここ5～6年の馬券作戦は、中心が3連複であった。数年前にワイド作戦を採用したことがあるが（1点10倍のワイドを3000円買うという作戦だ）、最初の夏は成功したものの、その後まったく当たらなくなり、また3連複に戻ったという事情がある。戻ってはみたものの、この3連複が当たらない。イヤになるくらい当たらない。同じように絶不調を続けていたオサムが馬連中心の作戦に切り換え、いち早く絶不調を抜け出したので、焦る気持ちもあった。

で、春の東京開催を前に、ひらめいたのである。私は3連単でいく！　と。3連複が当たらないやつが、3連単など当たるわけがないと思うのが普通だろう。そりゃそうだ。しかし考え方を変えてみたのである。実は私、前開催で当たったのは3本のみである。1ヵ月馬券を買い続けて、たったの3本しか当たらないのだ。これでよく競馬を続けているものだと、我ながら感心する。そこでこう考えてみた。どうせ当たらないのなら、当たったときに大きい配当のほうがいい。最近の購入レース数は1開催に100〜120レース。それで当てるのは1割というのが私の平均値であるから、10本から12本（前開催で3本、というのはこの平均値を大幅に下回っている）。200倍の3連複を10本取れば、配当合計は20万。計算上は、ということだが、だったら月に1本、20万の3連単を当てれば同じことになる。そう、当てるのは月に1本でいいのだ。これなら現実的に可能性がある。もう一つは、3連単にすれば、意外に出費が少なくて済む、ということだ。私の3連複作戦は、意外に購入金額がバカにならないのである。だいたい20点前後にとどめるが、全部100円単位で買うならいいが、それではつまらないと、オッズによって500円にしたり1000円にしたりする。さらに時には馬連だのワイドだのを買い、おまけに単複も買ったりするから、油断するとあっという間に総額が1万を超えていたりする。またこのバカは、よく油断するのだ。だから、全部負けると全治1ヵ月はザラなのである。

ところが私の新3連単は、1頭→3頭→5頭（このうち3頭は2着に置いた3頭）を基本とする。これで12点だ。1着に置いた本命馬の2着バージョンも買うので、購入金額は倍の2400円。3連複を買うよりも全然安い。1頭→3頭→6頭の3000円、1頭→3頭→7頭の3600円までは許容するが、それ以上は不可。そこまで絞れないときは、

着順	予想	枠番	馬番	馬名	性齢	斤量	騎手	タイム	着差	通過順	上り	人気	単勝オッズ	体重	増減	厩舎
1	▲	❻	⑩	コンダクトレス	牝4	55	杉原誠	2.00.1		1 1 1	内35.1	③	6.1	476	0	(北)小島茂
2	◎	❼	⑫	ハギノカエラ	牝6	55	丸山元	2.00.6	3	14 14 14	外**34.3**	⑤	13.5	416	+4	栗鮫島一
3		❻	⑨	ワタシヲマッテル	牝4	55	西村淳	2.00.7	½	7 8 6	中35.0	⑪	73.8	456	−8	(北)粕谷昌
4	△	❷	②	ファストライフ	牝4	55	津村明	2.00.7	首	11 11 9	内34.6	④	12.5	448	+8	(南)青木孝
5		❺	⑦	ガールズバンド	牝4	55	横山和	2.00.8	首	8 7 6	中35.2	⑥	16.0	460	−14	栗坂口智
6	▲	❶	①	フラッグサルート	牝4	55	鮫島駿	2.01.0	1¼	9 10 9	中35.1	⑦	18.5	430	−2	栗浜田多
7	△	❸	③	サツキワルツ	牝4	55	柴田善	2.01.1	½	⑪ 11 9	中35.0	⑧	21.7	444	0	(北)蛯名利
8	○	❹	⑤	エレクトロニカ	牝5	55	吉田隼	2.01.1	頭	⑨ 9 ⑨	中35.3	①	2.0	440	−4	栗須貝尚
9		❽	⑭	アリストライン	牝4	55	中谷雄	2.01.1	鼻	2 2 2	中35.9	⑩	57.9	448	−8	栗高野友
10	△	❸	④	エリンズロマーネ	牝4	55	川又賢	2.01.1	首	11 11 14	中34.9	②	4.9	480	−6	栗笹田和
11	△	❽	⑬	ミッキークロス	牝5	55	丸田恭	2.01.3	1¼	5 5 6	中35.9	⑨	42.6	428	+6	(北)国枝栄
12		❹	⑥	ベラソヴラーノ	牝4	55	丹内祐	2.01.4	首	3 3 3	内36.1	⑫	113.4	458	0	(北)石栗龍
13		❼	⑪	イチザティアラ	牝4	55	城戸義	2.01.9	3	6 5 5	中36.4	⑭	336.8	448	−4	栗服部利
14		❺	⑧	ジュリエットベール	牝5	55	菱田裕	2.02.1	1¼	3 3 3	中36.8	⑬	142.6	448	+6	(北)和田勇

単⑩610円　複⑩270円　⑫430円　⑨1670円
馬連⑩—⑫4050円⑫　　枠連❻—❼2850円⑫
馬単⑩—⑫7510円㉓　３連複⑨⑩⑫43020円(95)
３連単⑩⑫⑨211050円465
ワイド⑩—⑫1230円⑬　⑨—⑩3980円㉞　⑨—⑫5460円㊵

1回福島6日　10R　桑折特別

そのレースをスルー。しかもオッズを見ないで買うことにした。オッズ投票なので、オッズがちらりと目に入ってしまうことはある。これは仕方がない。100倍以下は赤く表示されるので、目立つのである。しかし、赤い箇所がいくつかあるなと目に入っても、そのまま購入。全部が赤いときが土日で1回あり、そのときは購入を中止したが、それ以外は全部100円のまま購入。低配当の目になるか、高配当になるかは運次第と思うことにしたのである。

　本当は日曜だけにしたいのだが（たぶん当たるのは月に1回程度だから、なるべく出費を抑えたいのだ）、春の開幕週は特別に土曜も3レースだけ実施。24点のAコースなので、全部で7200円。もちろん、かすりもせずに全敗。さあこれからが本番だと迎えた日曜は7レースを実施。これがなんと当たったのである。それが日曜福島の10R桑折特別だ。4歳以上500万下の芝2000m戦だが、私の本命は5番人気の⑫ハギノカエラ。この馬を1着欄に置き、2着欄には④エリンズロマーネ、⑤エレクトロニカ、⑩コンダクトレスの3頭。3着欄にはその3頭の他に、①フラッグサルート、②ファストライフ、③サツキワルツ、⑨ワタシヲマッテルの4頭。これで18点。本命馬の2着バージョン（この場合の1着欄は、④⑤⑩の3頭）も買うので、総額は3600円である。結果的には3番人気の⑩コンダクトレスが逃げ切ったレースなのだが、私、⑫ハギノカエラだけを見ていた。というのは、この馬、終始後方で、なんと4コーナーでも最後方だったのである。福島の短い直線でよくもまあ届いたものだと感心する。逃げ馬はかわせなかったものの、それ以外の全馬をきれいに差し切って2着。混戦の3着争いを制したのはインの⑨ワタシヲマッテル（11番人気）。

　オッズを詳しく見ていなかったので、この配当がいくらなのかわからなかった。最初、430倍と出たので、まあそれくらいでもいいかと思ったら、それは3連複で、3連単は21万。そんなにつくのかよ。月に1回、そのくらいの配当が取れればいいと思っていたが、まさか実施初週からゲットするとは予想外。こうなると、ダービーまでのあと5週でもう1回くらいは当てたい。ここはゴールなのではない。まだスタートしたばかりだ！

どんどん点数がふえていく

先週号で書いた4月21日の福島10R桑折特別について、少しだけ補足を加えておきたい。私が21万の3連単を取ったレースだが、それは「たまたま」であることを書いておきたいのだ。というのは、私の本命⑫ハギノカエラは5番人気だったが、2列目に置いた3頭は1～3番人気だったのである。だから仮に1番人気の⑤エレクトロニカが勝って、私の本命⑫が2着し、2番人気の④エリンズロマーネが3着だった場合の3連単は、68倍であった。なんと100倍に満たない。投票するときちらりとオッズを見たら赤表記（それが100倍以下だ）が少なかったのでそのまま購入したのだが、あとから調べてみると、仮に私の本命が勝って、2～3着に1～2番人気が来ると、それでも170倍にすぎなかった。100倍以下は少なくても、100倍から200倍台は少なくなかったのだ。たまたま3着に11番人気の馬が来たから21万にハネただけなのである。それを自分に言い聞かせないと、次からいつも20万円台を期待しかねないので、ここに書いておきたい。あんなのは偶然だからね。いつもあんなことはあるわけがないからね。3連単作戦を実施した最初の週にいきなり結果が出ると、つい次も期待したくなるものだが、そんな甘いことは夢見てはだめなのである。

というわけで迎えた第2週は、朝から面白かった。日曜東京の1R、3歳未勝利の牝馬限定のダート1400m戦だが、私の本命は4番人気の⑫ニシノビアンカ。2列目に置いた3頭は内から、⑤ジューンバラード、⑧ニーマルティアラ、⑭エイシンオリンピア。人気は、1番人気、5番人気、2番人気である。ゴール前の直線で先頭にいたのは⑤、2番手が⑫、3番手がインの⑬。このままの態勢で決まれば的中である。⑬アラニは7番人気の馬なので、このままで決まれば3連単は200倍。たいした配当ではないが、これは現実的な配当というものだ。15点の裏表で3000円の投資だから、2万の配当でも十分である。テレビに向かって、「そのままそのままそのまま」と叫ぶと、外から来たのが⑧ニーマルティアラ。勢いが全然違って、あっという間に全馬を差し切り先頭に躍り出る。この馬は2列目に置いた1頭だが、裏も買っていることだし、私の本命が2着に上がれば、それでも3連単は的中する。⑧→⑫→⑤の場合の3連単は211倍。つまり私の本命⑫が2着以内に入れば、1着が⑤でも⑧でもいいのだ。しかしどう見ても、⑫の脚いろでは⑤をかわせそうにない。結局⑧→⑤→⑫の順でゴール。3連単は1万6700円。私の軸馬は

３着だが、３着ではダメなんである。

しかし外したにもかかわらず、中身が濃い、というのが私の感想だった。いつもはゴール前の争いをふーんと見ていることが多いので、そのままと叫ぶなんて実に久々なのである。叫ぶと面白いのだ。競馬やってるなあ、という気がしてくる。

この日の痛恨は、東京４R。３歳未勝利の芝１６００m戦だが、私の本命は⑩ワイルドタッチ（４番人気）。２列目に置いたのが①ミツカネローズ、③ナンヨーミカヅキ、④グレイテスト。人気は順に、５番人気、３番人気、１番人気である。で、ゴール直前では、④→①→⑩。そのまま決まっても私の軸馬が３着では３連単は当たらないからふーんと見ていたら、外から突っ込んできたのが、16頭立て16番人気（つまり、ビリ人気だ！）の⑯シバノテンショウ。この馬が⑩をかわして３着に入ったので、３連単は21万。私の本命が４着に負けて、さらにビリ人気の⑯はヒモにも買っていないのだから、全然関係がない。にもかかわらず、惜しかったなあと後悔。というのは、本命を①④⑩の３択で迷ったあげく⑩にしたという経緯がある。もしもそのとき、①か④にしていたら1～2着は的中なのである。そして⑯も、もう少し３着のヒモを広げていたら押さえることも可能だった。実際には３着欄に４頭置いていたので18点買いだったのだが（その裏表を買うので合計は36点）、あと３頭足せば⑯に届いていた。ちらりとでも買う根拠はあったのである。その場合は27点。あとから考えれば、これがこの日の敗因の伏線であった。

もっとヒモを増やしてもいいじゃん。当たるとでかいのだから、ケチることはない――と思ってしまったのはこの東京4Rの影響だろう。こうなると、止められない。3着欄に8頭(この場合、2着欄の3頭が降りてくるから3着欄には11頭が並ぶことになる)置くと、3連単フォーメーションは30点。その裏も買うから合計が60点。3連単作戦を始めたのは、12点の裏表でも24点と、意外に少なくて済む、というところから発想したのに、全然逆の道を行くのである。こんな買い方をしていたらキリがない。どこかで一発でも当たればそれでもよかったが、そううまくはいかず、あっという間に負けがかさんで、終わってみたら全治1ヵ月。また人生をやり直そう。固く決意したのである。

1頭入れ替われば50万だ

日曜の朝、アキラからＬＩＮＥが来た。今日は３連単を買おうと思っているんですが、どういうフォーメーションを買えばいいですかと。前日の土曜に一緒に東京競馬場に行き、そこで私が３連単でばしばし的中、という姿を見せたのなら、オレもやってみようかなとアキラが思っても不思議はないが、そういうことは全くなかったのである。何か思うところがあったのだろう。そこでさっそく、３連単フォーメーションの私のやり方を書いた。１頭→３頭→５頭（このうちの３頭は２着に置いた馬）で12点を基本にし、レースによってはその裏も買うというのが私の３連単フォーメーションだ。裏というのは、３頭→１頭→５頭のケースだ。３着欄に１頭増やすたびに点数は３点ずつ増えること、なかなか当たらないから、ずっと辛抱が続くこと。以上のことをＬＩＮＥに書くとすぐに返事が来た。

「どちらにせよ当たらないので耐えます」

ほお、わかっているじゃないか。私が３連単を始めたのもそういう理由なのである。どっちみち当たらないのなら、当たったときにでかいほうがいい、というのが3連単を久々に再開した理由であった。この日の夕方にアキラから来たLINEが面白かった。3連単フォーメーションを1日体験したことの感想を彼は書いてきた。

「3連単作戦はなんか惜しかったような気がするのがミソですね。ホントは惜しくないのかもしれないのに」

本当にそうなのである。全く関係のない場合ももちろんあるが、半分以上は「惜しい！」と思ってしまう。たとえば日曜東京7R（4歳以上500万下のダート1600m戦）は、1番人気の⑨サンチェサピークを1着に、②トーセンヴィータ（2番人気）と⑫ヨクエロマンボ（4番人気）を2着に固定し、3着欄は②⑫以外の馬を数頭置いて総額2000円だけ買うと、1着⑨、2着②まではよかったが、3着に10番人気の⑭ウエスタンボルトが来て、3連単が2万5250円。たいした配当ではないが、こういう配当をしっかり取っていかなければならない。しかもこの⑭、迷った末にやめた馬なのである。つまり、買えたんである。どうしてやめちゃったのかなあ。京都9R上賀茂S（4歳以上1600万下ハンデのダート1800m戦）も惜しい。②サトノプライム（6番人気）→⑧スズカガルチ（3番人気）→⑮バニーテール（2番人気）で決まって、3連単が6万7560円になったレースだが、これは私の「3列目→2列目→1列目」である。1列目に置いた⑮バニーテールが3着ではもうそれだけで外れなのだが、3着欄にしか置かなかった②サトノプライムが1着ではダブルの外れ。冷静に考えれば全然惜しくないのだが、これが惜しいと思えてくるのだ。そういえば、アキラも書いていた。

「1頭入れ替われば50万だったよ、みたいな気がするんですよね」

本当にそうなのだ。たとえばこの日の新潟8R(4歳以上500万下のダート1200m戦)は、1着⑦ホイールバーニング(3番人気)、2着⑪ホーカスポーカス(4番人気)、3着⑤プタハ(6番人気)で決まって、7万1160円。私は1列目に⑦ホイールバーニングを置いていたので、それは当たったのだが、2着の⑪も、3着の⑤も買っていないのである。ところがこの結果を見て、惜しいなと思ってしまう。あれをこうしてこうすれば、そしてこれをこうしてああすれば、決して取れないレースではなかったなと思うのである。

いちばんひどいのは、東京9R湘南S(4歳以上1600万下の芝1600m戦)。実はこのレース、パドック中継を見ているうちに寝てしまった。はっと気がつくともうレースは終わっていて、1着⑩アンノートル(4番人気)、2着⑫レジーナドーロ(3番人気)、3着⑮ワンダーブチュック(11番人気)で、3連単は13万9170円。パドックを見ながらうとうとしてしまったので、私の検討は途中で終わっている。だから起きていたとしても最終的に何を買ったのかがわからない。それなのに、もしかしたらこの組み合わせを買ったかもしれない、と思うのである。つまり私にとっては、これも惜しいレースになっている。ワイド1点しか買ってないと、どちらか1頭が後ろのほうでもがいていると、どうやっても無理なので、ゴール前はふーんと見ていることが圧倒的に多い。ところがこの3連単フォーメーションは、いろいろな馬を買っているから、あれがこうして、これがこうすれば当たりだな、と見ている局面が多岐にわたっている。だからゴール前も面白いことが少なくない。おっと思うことが一度や二度はあるのだ。つまり、レースを見ていても面白く、あとで振り返っても、これ取れてたよなあと錯覚するので、そちらも面白い。結果としては全然当たっていなくても、なんだか面白いという困った馬券戦術なのである。

叫び方の問題

　ヨシ先輩はアキラの会社の上司だが、競馬場で会うなり、「これ、どうぞ」と言う。なんだろうと思って中を開けてみると、５００円のクオカードが４枚。ヨシ先輩は、一口馬主で45頭（！）も持っている熱心なファンなのだが、持ち馬が勝つとその馬の写真をクラブがクオカードにして会員にくれるという。くれるのは1枚だけだが、希望があればあとは有料で売ってくれるらしい。だから、ヨシ先輩は余分に買って、私とアキラにくれたというわけ。祝勝記念とはいえ、こんなにもらっていいんですか。そのヨシ先輩が教えてくれた3連単のフォーメーションが面白かった。この先輩はいつも3連単3頭ボックスで全場全レースを買うのだが、自分の愛馬が出るレースではいろいろ買い方を変えるのである。そのうちの一つが、３連単の変則フォーメーションなのだ。まず基本は3頭を1着2着3着に置く。次にこれ以外の4頭を、１着欄、２着欄、３着欄のどこかにまとめて置くと、全部で30点なのだそうだ。つまり、３頭↓3頭↓7頭か、３頭↓7頭↓3頭か、あるいは

7頭→3頭→3頭だ。ようするに、3頭ボックスに4頭を足すわけだが、その4頭をまとめて同じ着順に置くのがポイント。その4頭を2頭ずつわけて1着欄と2着欄に置くのはだめ。30点をキープするためには、まとめて置くのがルール。3頭で堅いと思っても少し自信がないときは、この変則爆弾を出撃させるのだという。一発がありそうな人気薄ばかりを4頭、1着欄に置くときはかなりしびれるらしい。なるほど、それはいい。

そういえばずっと以前、シゲ坊が教えてくれた3連単フォーメーションもある。それは2頭を1着から3着までに置く。そして2着欄に5頭をプラスし、3着欄にはその5頭のうち1頭を置く。つまり、2頭→7頭→3頭になる。これで20点。付け足す5頭を3着欄ではなく、2着欄に置くのは、人気薄を2着欄に置いて配当が跳ね上がるのを待つ作戦なのである。何回かやってみたものの、一度も当たらずやめてしまったが、もともと3連単はめったに当たるものではないのだから、もっと気長に取り組むべきだろう。機会があればまたやりたいと考えている。こういうふうに20点か30点の範囲におさまる3連単フォーメーションをもっと知りたい、とただいまは考えている。いろいろなケースを想定して、そのレースにふさわしいフォーメーションを選択したいのである。

前週、ヴィクトリアマイルの日に、アキラとヨシ先輩と一緒に、東京競馬場に出撃した。そのアキラが「当たりました」と言ったのは、東京10Rプリンシパルsだ。④ザダル、②

エングレーバー、①ヒシゲッコウの順にゴールしたのだが、なんとこの馬連を1点でゲットしたというから驚く。5番人気と7番人気の組み合わせなので、その配当は4820円。よく1点で取れたものだと感心。さらに1万570円の3連複も仕留めたというのだから（こちらは内枠4頭ボックス）、アキラもやるときはやるんである。私は3番人気①ヒシゲッコウ（鞍上はレーン）の1着固定で買っていたので、3着ではダメ。もっとも①ヒシゲッコウが1着になっても、②エングレーバーを1円も買ってないから全然ダメだ。悔しかったのはメインのヴィクトリアマイル。5番人気の④ノームコアから馬連を4点買ったのだが、最後の直線で馬群を割って④ノームコアが伸びてきたとき、私よりも一瞬早く、後ろの席のおやじが「レーンレーンレーン！」と叫んだ。出鼻をくじかれた感じで、こうなると叫べない。あとから叫ぶのでは、なんだか私が真似してその馬を買ったような感じになる。いや、私があとから叫んだとしても、そう感じる人はいないと思うけれど、私自身がイヤなのである。レースリプレイを見ると、ゴール前はすこぶる面白かった。特に、④ノームコアが先頭に躍り出たあとも2着争いは大混戦で、私なら「レーンレーン！」と叫んだあとに、外から伸びてきた⑨プリモシーンを見て、急いで「福永福永！」と叫んでいただろう。1着④ノームコア、2着⑨プリモシーンの馬連は3700円。その馬連を無事に仕留めたわけだが、「レーンレーン！」「福永福永！」と思い切り叫ぶことができたら、喜び

2回東京8日　11R　ヴィクトリアマイル

着順	予想	枠番	馬番	馬名	性齢	斤量	騎手	タイム	着差	通過順	上り	人気	単勝オッズ	体重	増減	厩舎
1		❷	④	ノームコア	牝4	55	レーン	1.30.5	R	9 7 7	中33.2	⑤	9.4	470	+4	南萩原清
2	▲	❺	⑨	プリモシーン	牝4	55	福永祐	1.30.5	首	10 10 10	中**33.0**	④	6.4	498	0	北木村哲
3	△	❷	③	クロコスミア	牝6	55	戸崎圭	1.30.6	½	2 5 5	中33.5	⑪	30.8	440	-8	栗西浦勝
4	○	❸	⑥	ラッキーライラック	牝4	55	石橋脩	1.30.6	鼻	4 5 5	中33.5	①	4.3	506	-4	栗松永幹
5	◎	❻	⑪	アエロリット	牝5	55	横山典	1.30.9	1½	4 1 1	内34.8	②	5.8	512		南菊沢徳
6		❺	⑩	ミエノサクシード	牝6	55	川島信	1.31.1	1¼	14 15 15	内33.1	⑰	108.1	466	-2	栗高橋亮
7		❽	⑰	サウンドキアラ	牝4	55	田辺裕	1.31.2	¾	11 13 12	外33.5	⑮	94.7	448	0	栗安達昭
8	△	❹	⑦	ミッキーチャーム	牝4	55	川田将	1.31.2	首	3 2 2	中34.7	⑥	9.7	446	0	栗中内田充
9		❽	⑯	ソウルスターリング	牝5	55	武　豊	1.31.2	鼻	6 4 4	中34.3	⑧	21.6	494	+4	北藤沢和
10		❼	⑭	レッツゴードンキ	牝7	55	岩田康	1.31.2	鼻	13 16 15	中33.2	⑬	41.0	502	-2	栗梅田智
11		❶	②	レッドオルガ	牝5	55	北村友	1.31.4	1¼	8 7 ⑦	内34.1	③	6.1	450	0	栗藤原英
12		❹	⑧	デンコウアンジュ	牝6	55	柴田善	1.31.4	首	⑯ 13 12	中33.6	⑩	30.7	454	-4	栗荒川義
13		❼	⑬	サトノワルキューレ	牝4	55	内田博	1.31.7	1¾	⑰ 16 15	外33.7	⑭	75.5	454	-10	栗角居勝
14		❶	①	アマルフィコースト	牝4	55	坂井瑠	1.32.0	1¾	1 2 2	内35.4	⑫	37.4	456	-6	栗牧田和
15	◬	❽	⑱	フロンテアクイーン	牝6	55	三浦皇	1.32.2	1	12 10 10	外34.7	⑨	24.5	480	0	北国枝栄
16		❻	⑫	ワントゥワン	牝6	55	中谷雄	1.32.2	首	18 18 18	中33.8	⑯	107.5	454	-2	栗藤岡健
17		❸	⑤	メイショウオワラ	牝5	55	秋山真	1.32.4	1	14 12 12	内34.6	⑱	256.8	458	0	栗岡田稲
18	△	❼	⑮	カンタービレ	牝4	55	Mデムー	1.32.5	½	6 7 7	外35.2	⑦	13.4	434	-2	栗角居勝

単④940円　複④350円　⑨250円　③670円
馬連④―⑨3700円⑭　枠連❷―❺2900円㉒
馬単④―⑨7670円㉚　３連複③④⑨35490円115
３連単④⑨③175040円561
ワイド④―⑨1410円⑬　③―④4040円㊼　③―⑨3150円㊴

は倍増していたに違いない。なんとも悔しい。後ろのおやじを弁護するわけではないが、おやじが叫んだのはゴール200m手前を切ってからで、しかも④ノームコアがまだ抜け出す前だったから、その叫びはフライングではない。正確にジャッジするなら理想的なタイミングと言っていい。私が瞬間的にぼやっとしていて出遅れたに過ぎない。だから、おやじを責めているわけではない。これは、ただの愚痴だ。叫ぶチャンスを失った私は、⑨プリモシーンが2着に上がるのを見届けた瞬間に「よし！」と言ったに過ぎないから、ずっと消化不良である。馬連が当たったのにこんなことを言ってはバチが当たるが、なんだかなあと思っているのである。

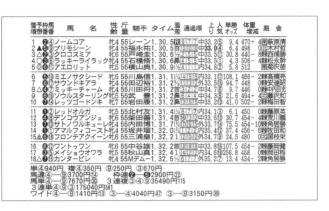

守りの姿勢はダメだ

　オークスの日の購入レースは、そのオークス以外に東京と京都の最終のみ。なんと全部で3レースである。3連単を始めてからは極端に購入レース数を絞っているのである。なにしろ3連単はほとんど当たらないのだ。月に1回あるかどうか。だから購入レースを減らして、とにかく出費を抑えたい。そうしないと大変である。日曜の朝、福岡のオサムからメールが届いたが、これから知り合いの畑に行くとのこと。彼はときどき、知り合いの畑を手伝っているのだ。オークスまでには帰宅するようだが、いいなあ余分な馬券を買わずに済んで。新宿のアキラのこの日の購入レースは、オークス以外は東京と京都の最終のみ。おお、私と全く同じじゃん。だからそれまでは自宅で仕事をしています、だって。いいなあ仕事がある人は。私、近くに手伝う畑もなければ、やるべき仕事もない。テレビの前に座って、ひたすらメインレースを待ったのだが、とうとう我慢できずに馬券を買ってしまったのは新潟5R。3歳未勝利の牝馬限定の芝2000m戦だが、前日にワークフォース産駒が来てたよなあと思い出し、⑮ミフリマ（13番人気）に目をつけた。この馬を軸に3連複を遊びで買ったのである。パドック中継の時間には単勝45倍、複勝11倍だったが、最終的には単勝81倍、複勝17倍。短時間にここまで人気を落とす馬は来ません。終始中団後ろのままで8着。

こうなると止まらなくなって、京都6R、東京6Rに手を出してスカ。私がバカなのはそれでやめておけばいいのに、京都7Rまで買ってしまったことだ。もうやめようと思ったのに手元の新聞を見ると、⑤デュアルウィールドと⑦クリノアスコットのところに、上から下まで◎と○が並んでいるから、深く考えることもなく、ついふらふらと購入。新潟5R、東京と京都の6R、あわせて3レースの負けが8000円。せめてそれだけを取り戻したいと、なぜ考えたんだ？　馬連6倍のところに2000円入れるつもりが、待てよ、念には念をいれてワイドにしておこうと2・7～3倍のワイドに、予定を変更して5000円。くれば、3レースの負けを取り戻して、さらにWIN5の資金まで調達できそう。その⑦クリノアスコット、番手先行でじっと我慢し、4コーナーで先頭に躍り出た。⑤デュアルウィールドは道中は後方にいたが、まくってきて4コーナーでは先頭集団を射程圏にとらえて差してきている。2番手にいるのは⑩エンドレスコール。この馬の脚いろがいい。外から⑤デュアルウィールドも差してきて、あっという間に⑩と一緒に⑦をかわしていく。

よかったワイドにしておいて。後ろからは何にも来ないから、もう完成だ。１着⑤デュアルウィールド、２着⑩エンドレスコール、３着⑦クリノアスコットだ。２着の⑩が何番人気か正確にはわからないが、３～４番人気でないことは確実なので、その下だろう。ならば、ワイド⑤⑦は３倍つくかも。おお、１万入れればよかったぜ、と思う間もなく、外から②イチザティアラが矢のように飛んできた。新聞には印が一つもついていない馬だ。あとで調べたら13頭立て12番人気の馬だった。この馬に差されて⑦は無情にも４着。そんなバカな！　と思ったが、すぐに反省。取り戻そうと思ってはいけない、とあれほど自分に言い聞かせているのに、どうしてこんな馬券を買うのか。３倍のワイドを買うのがいけないのではなく、守りの姿勢がいけないのだ。

さらに反省は、この日のＷＩＮ５で、最初のレースで１番人気を買っていなかったのでいきなりドボン。オークス以外は上位人気馬を買って、オークスで人気薄を買うというのがこの日の私の設計図だった。それが最初から間違っていたことはいい。設計図通りに買っていれば最初のレースで１番人気を押さえていたはずで、そうするとリーチがかかってオークスを迎えたことになる。燃えただろうなそうしていると。上位人気４頭と下位人気４頭を外した10頭を買っていたのだ。12番人気の⑩カレンブーケドールがもしも勝っていたら、ＷＩＮ５の配当はいくらだったろうか。そこまで２番人気１勝、１番人気３勝だから、最後のオークスで12番人気が勝っても、たいしたことはなかったかも。でも最後まで興奮したはずだ。その幻の興奮が、自分のミスで失われたことを深く反省する。

オークスも各場の最終レースもすべてが外れたあとで、アキラからメールが来た。ｔｏ　ＢＩＧの4等が当たったというのだ。細かなことはよくわからないのだが、とにかく配当は７０００円。当たるとメールが来るのがいい、とはアキラの弁。何等が当たったのかについては、メールを開かなければわからないから、ドキドキするらしい。いいなあ、そのシステム。馬券もそうしてくれないか。レースを見ていなくても当たったらメールで教えてくれ。月に一度、メールが来たら、どきどきするぞ。全然来なかったりして。

ダービーをアキラが当てた！

ダービー前日の土曜日、具体的には3回京都11日目の10R朱雀S。4歳以上1600万下の芝1400m戦だが、⑩グランドロワがぽんと飛び出してハナを取る。よしよし、いいぞいいぞ。この馬、10番人気の馬である。すぐに番手を取ったのは⑤エンゲルヘン（1番人気）。そのままの態勢で4コーナーに向かっていく。私の本命と対抗が、1番手と2番手なのだ。このまま決まれば、馬連は46倍。もちろんそれだけでもいいのだが、できれば3連単も当てたい。このままの態勢で決まってもいいのだが、番手の⑤エンゲルヘンが差してもいい。10番人気の⑩グランドロワが1着のほうが配当も跳ねるだろうが、そこまで贅沢は言うまい。1番人気の⑤エンゲルヘンが1着でも、10番人気の⑩グランドロワが2着なら、そこそこの配当が期待できそうだ。だからこの2頭がとにかく残ってほしい。叫ぶにはまだ早すぎるからじっとモニターを見ていると、4コーナー手前で3番手に上がってきたのは⑪ルタンデュボヌール（4番人気）。おお、君でもいい。でも君は3着しか買ってないから、前の2頭を差させないように！

4コーナーを回って直線を向いても、⑩グランドロワの脚いろは衰えず、2番手の⑤エンゲルヘンの後ろもちぎれているように見える。あとは3着だ。そのとき3～4番手のインに④ジョイフルがちらりと見えた。おお、3着はお前がいい。あとで調べたら、もしもこのままの態勢で、3着が④だったら、その配当は11万だった。それで十分だ。だからモニターに向かって叫んだ。「そのままそのままそのまま！」「いわさきいわさき！」「つばさつばさつばさ！」。⑩グランドロワの鞍上が岩崎翼なのである。なにしろ10番人気の馬であるから、見栄えがする。え、あいつ、こんな馬を買ってるのかよ、と周囲の人は思ったであろう。もちろん、聞こえるように言っているのだ。この⑩グランドロワ、なかなかガッツのある馬で、1番人気の⑤エンゲルヘンに迫られながらも、抜かせないのだ。おお、このままなら、10番人気→1番人気、という理想的な形でフィニッシュしそうだ。問題は3着だけ。8番人気、9番人気、12番人気なんて馬を3着には買っているから、そういう馬のどれかが飛び込んできたら面白い。たとえば、このままの態勢で決まって、3着が12番人気の③ウインストラグルだと3連単は25万。いいじゃないかいいじゃないか。

そこに外から一気に差してきたのは、⑦レインボーフラッグ。お前はどこにいたの、と思うくらいの鋭い脚で、まとめてこの馬に差し切られてしまった。つまり、1着⑦レインボーフラッグ、2着⑩グランドロワ、3着⑤エンゲルヘンという決着で、その3連単は6万。10番人気馬が2着のわりに6万しかつかなかったのは、1着が2番人気で、3着が1番人気だったからである。私、この2番人気馬を1円も買っていなかったので、スカ。どうして2番人気を買わなかったのかなあと、しばらく手元の新聞を見ていた。簡単に取れた6万なのに、なぜ⑦レインボーフラッグを買わないんだ?

この馬連、⑦⑩7370円をゲットしたのがトシキだ。なんでも、東京10Rのつもりで買ったら、京都の10Rだったという。つまり買い間違いで当たったというわけ。いかにもトシキらしい。この日は、ダービーウイークに上京してくるオサムを歓迎しようと、トシキにアキラを誘って東京競馬場に出撃したのだが、トシキはこの日がタブレット・デビュー。競馬場に来るたびに彼はずっと窓口で買っていたので、穴場から遠い席だと申し訳ないなあと思っていたのだが、ついにタブレットを買ったのである。その画面を見ていたら、私と違うのでヘンだなあと最初はその意味がわからなかった。6月から変わるんですよね。私はぎりぎりまで旧システムでいいやと古いバージョンで買っているので、気がつかなかった。

この土曜はボウズで元気のなかったアキラからメールが来たのは、翌日のダービー終了直後。この日、アキラは知人たちとBBQで競馬場には来なかったのだが、「ダービー、3

2回東京12日　11R　日本ダービー

着順	予想	枠番	馬番	馬名	性齢	斤量	騎手	タイム	着差	通過順	上り	人気	単勝オッズ	体重増減	厩舎
1	△	❶	①	ロジャーバローズ	牡3	57	浜中俊	2.22.6		2-2-2	内35.1	⑫	93.1	486-8	栗角居勝
2	▲	❹	⑦	ダノンキングリー	牡3	57	戸崎圭	2.22.6	首	5-5-3	内34.5	③	4.7	454+4	国萩原清
3	○	❼	⑬	ヴェロックス	牡3	57	川田将	2.23.0	2½	7-7-8	外34.3	②	4.3	486+8	栗中内田充
4	◎	❸	⑥	サートゥルナーリア	牡3	57	レーン	2.23.1	½	11-11-11	外**34.1**	①	1.6	490-6	栗角居勝
5		❺	⑨	ニシノデイジー	牡3	57	勝浦正	2.23.1	頭	12-11-9	内34.3	⑬	107.9	486 0	北高木登
6		❺	⑩	クラージュゲリエ	牡3	57	三浦皇	2.23.2	首	6-5-7	外34.7	⑦	66.2	494+4	栗池江寿
7	▲	❼	⑭	ランフォザローゼス	牡3	57	福永祐	2.23.2	首	9-9-9	中34.4	⑤	33.3	492+4	北藤沢和
8		❻	⑪	レッドジェニアル	牡3	57	酒井学	2.23.4	1¼	14-13-13	中34.2	⑪	92.9	476-4	栗高橋忠
9		❽	⑯	タガノディアマンテ	牡3	57	田辺裕	2.23.8	2½	15-16-13	中34.6	⑮	265.1	464+4	栗鮫島一
10		❹	⑧	メイショウテンゲン	牡3	57	武　豊	2.24.0	1	18-18-⑱	中34.4	⑩	80.0	454 0	栗池添兼
11		❸	⑤	マイネルサーパス	牡3	57	丹内祐	2.24.2	1¼	7-7-5	内35.8	⑱	434.3	476 0	北高木登
12		❷	③	エメラルファイト	牡3	57	石川裕	2.24.3	¾	4-4-5	中36.0	⑭	131.7	460+6	国相沢郁
13		❽	⑰	ナイママ	牡3	57	柴田大	2.24.5	1¼	12-13-13	外35.3	⑰	420.1	460+4	北武藤善
14		❶	②	ヴィント	牡3	57	竹之下智	2.24.5	頭	15-16-18	内35.0	⑯	317.9	524 0	栗千田輝
15	△	❼	⑮	リオンリオン	牡3	57	横山武	2.25.0	3	1-1-1	内38.3	⑥	53.2	474-6	栗松永幹
16	△	❽	⑱	シュヴァルツリーゼ	牡3	57	石橋脩	2.25.0	鼻	9-9-11	外36.1	⑨	77.3	476-2	北堀　宣
17		❷	④	サトノルークス	牡3	57	池添謙	2.25.8	5	3-3-3	中37.6	⑧	67.7	462-4	栗池江寿
18		❻	⑫	アドマイヤジャスタ	牡3	57	Mデムー	2.26.9	7	18-15-18	中37.4	④	25.9	492-16	栗須貝尚

単①9310円　複①930円　⑦210円　⑬190円
馬連①―⑦11200円㉓　枠連❶―❹7150円⑱
馬単①―⑦47090円㊏　３連複①⑦⑬12050円㉚
３連単①⑦⑬199060円355
ワイド①―⑦1990円⑱　①―⑬2280円⑳　⑦―⑬380円③

連単、当たってしまいました」とメール。19万の3連単を当てたというから素晴らしい。どういう買い方をしたの？　という質問には、「3強とロジャーバローズの3連単ボックス」との返事。おお、君は頭がいい。私は直前に、①ロジャーバローズと⑦ダノンキングリーの2頭軸で相手総流しの3連単マルチ（9600円）を買おうかどうしようか、最後まで迷ったのだが、1万を捨てるのが忍びなくやめてしまったのだ。4頭ボックスとは頭がいい。たとえ私が2頭軸の3連単マルチを買ったとしても、私より全然素晴らしい。アキラが買った3連単ボックスは、1～4着を完全的中である。しかも1番人気が4着で、4頭の中でいちばん人気薄が1着とは！　こんなにツキのある人を久々に見た。2019年のダービーは、アキラが3連単を当てた年として記憶されるだろう。

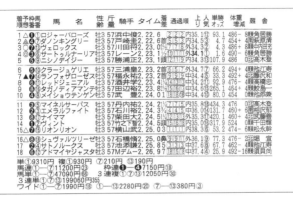

第二章　１００円馬券師への長い道

3連単作戦の心得とは何か

どうしてあれほど自信があったのか、いま考えてもわからない。日曜阪神の2Rだ。3歳未勝利のダート1200m戦で、⑤ウォーターマゼラン（2番人気）が鉄板、と前日の夜にオサムとアキラにメールしたのだ。相手は、⑥ジュンユウコー、⑮タガノアリサ、⑯ミキノモンテカルロの3頭。人気は順に、3番人気、5番人気、6番人気である。⑤を1着、⑥⑮⑯を2着と3着。あと4頭を3着に置く3連単フォーメーション。念には念を入れて、⑤を2着のバージョン（この場合は、⑥⑮⑯の3頭が1着）も購入。全部で30点である。3着に並べた4頭の人気は、7番人気、8番人気、10番人気、11番人気なので、楽しみがある。なにしろ1番人気を切っているのだ。なんだか荒れそうな予感がする。自信満々にメールを送ると、さっそくアキラから「乗ります！」との返事。

しかし、一晩たって朝目覚めると、どうしてこの1番人気を蹴飛ばせるのだろうと不思議な気持ちがした。前日は微塵も疑いもせずにばっさりと切ったのだが、冷静に考えると、切れねえよな。でもいまさら予想変更とは言いにくいし、仕方ねえなあとその予想通りに購入。⑤ウォーターマゼランは終始3～4番手。4コーナーを4番手で回って直線で外に出し、差してきた。この瞬間が、ここからギュイーンと伸びるか、馬群に沈むかの分かれ道で、私の妄想の世界ではギュイーンと伸びる予定であったが、おやおや、伸びてこない。前のほうでは、1番人気の③テイエムイブシギンが⑧ヒロシゲウェーブに一度は差されたが、またインから差し返して1～2着。なんと強い馬だこと。どうしてこういう馬を蹴飛ばすのか。3着に残りそうな⑮を外から⑦コマノバルーガ（ここが初出走の11番人気の馬）が差して3着。1番人気→8番人気→11番人気の決着で、3連単は11万7400円。荒れる、との予感は当たったが、中身が全然異なる。

このあとはメインまで買うレースがないので、じっと我慢していたが、我慢できずに馬券を買ったのは東京7R。ダントツ人気の⑮ダイスアキャスト（鞍上はルメール）で堅そうな鞍である。黙って見ているのもつまらないので、この馬を1着固定して3連単を買ってみよう。で、適当に4頭選んで、2～3着に置く3連単フォーメーションを買ってみた。すると、前走の未勝利戦では逃げて7馬身もちぎった⑮ダイスアキャストが逃げず、おやおやっと思っていたら4コーナーでは外の5～6番手。持ったままで上がってきた。あとは馬なりで先頭に立ち、楽勝である。問題は2～3着争いだが、2番手に残る⑩シゲノブを、3番手の⑫セイヴァリアントが差してゴール。なんと私の馬券が当たってしまった。オッズを見ずに買ったので、この3連単はいくらつくのか。ルメールがダントツ人気であることだし、20~30倍かも。50~60倍ついたら嬉しいな、と思っていたら、200倍。本当かよ。だったらもっと買えばよかった。私、1着を固定しているから12点しか買ってない。1点100円だから、たったの1200円。当たるとわかっていたら1点500円にしていただろう。そうすると配当が10万だ。いいじゃんそれで。ま、終わってから思うことではあるけどね。

7Rが当たったものだから、続けて次の東京8Rも買う気になった。1勝クラスの芝1400m戦だが、パドックで⑯シャドウセッションが良く見えたから、ここは一気に攻めるときだ。4番人気の馬である。鞍上は岩田康。前走は上がり1位の脚で2着したが、問題はCコースになって差しが決まらないこと。こんなに後ろからでは、だめだよなあ、という気がするのだが、「パドックで良く見えた」という実感が、「買え買え」とささやくのである。ちなみに、その他に選んだ4頭は、①シセイタイガ(6番人気)、②タイドオーバー(5番人気)、⑨ユナカイト(1番人気)、⑭アングレーム(2番人気)。つまり3番人気を除く上位人気5頭が良く見えたことになるが、このとき、⑯シャドウセッションは届かないだろうから、残り4頭のボックスでいこうと決断していたら、2400円の投資で、

2万9520円の3連単がヒットしていた。投資金額の10倍ならばこれで十分だ。ところが柔軟性に欠けるバカは、パドックを見た瞬間から⑯を軸にすると結論して、それを変更しないのである。⑯は後方から外を回して差すも8着まで。たいした配当ではないから、こんなレースは取れなくてもかまわない、という意見もあろうが、こういうのを私、しっかり取ることが大切だと考えている。もちろん、3連単を買うのだから、20万や30万円台の配当を取りたい気持ちは山々だが、10万を超える配当をゲットする機会などは極端に少ないだろう。ほとんどは当たらないのだ。問題はその雌伏の時をどう過ごすのか、ということだ。普段は2〜4万くらいの配当を仕留めていきたい。で、少しでも資金を回収したい。そういうときに、この日の東京7Rと8Rはヒントになるような気がするのである。

ディープ4頭の買い方

土曜の夕方、府中駅近くの酒場でオサムと飲んでいたら古い知人とばったり。「きょうはどうだった?」というのは、こういう場合の常套句で、詳しいディテールを聞きたいわけではない。きょうは暑かったねえ、というのと同じく、ただの挨拶である。ところが彼は「いやあ、絶好調だなあ。万馬券を何発取ったかなあ」と言うのだ。なにそれ? こういうことを言われると、その詳しいディテールを聞きたくなる。特に驚いたのは、この日の東京メイン、芝1600mの多摩川Sだ。3勝クラスのハンデ戦だが、18頭中16番人気の⑱ファストアプローチが逃げ切ったレースである。その単勝が16番人気の割に5860円とつかなかったのは、とにかく大混戦レースだったからだ。彼はその多摩川Sの3連複を取ったというのだが、その馬券の買い方にびっくり。このレースにはディープ産駒が4頭出ていたのだが、これはディープだろうと決めつけたのである。その4頭とは、内から順に、②エルプシャフト、⑨トーセンブレス、⑩サトノキングダム、⑰トライン。ただし1〜3

3回東京3日　11R　多摩川S

着順	予想	枠番	馬番	馬名	性齢	斤量	騎手	タイム	着差	通過順	上り	人気	単勝オッズ	体重増減	厩舎
1		❽	⑱	ファストアプローチ	騸4	56	木幡育	1.33.0		1-1-1	内33.9	⑯	58.6	544+2	北藤沢和
2		❺	⑩	サトノキングダム	牡6	55	Mデムー	1.33.1	3/4	2-3-3	中33.6	①	5.5	474+8	北国枝栄
3		❽	⑰	トライン	牡4	55	松山弘	1.33.2	首	6-11-14	外**33.0**	③	6.7	458 0	栗浜田多
4	△	❸	⑥	アシュリン	牝4	53	石川裕	1.33.2	首	2-3-3	内33.7	⑦	10.2	464-4	栗松永幹
5		❺	⑨	トーセンブレス	牝4	54	柴田善	1.33.2	頭	6-3-5	中33.6	⑩	26.2	470 0	北加藤征
6	△	❸	⑤	ペルソナリテ	牝6	53	丹内祐	1.33.4	1	12-11-12	内33.3	⑫	32.1	434+18	南相沢郁
7	▲	❷	③	リカビトス	牝5	54	ルメール	1.33.4	首	18-13-10	中33.4	⑤	7.9	432-2	南奥村武
8	△	❼	⑬	ルーカス	牡4	56	レーン	1.33.4	首	12-9-10	外33.5	⑥	10.0	504-6	北堀　宣
9		❶	①	アバルラータ	牝5	53	丸山元	1.33.4	鼻	10-6-7	内33.6	⑧	16.5	452-2	栗鮫島一
10		❶	②	エルプシャフト	牡6	55	三浦皇	1.33.5	1/2	10-13-12	中33.4	⑨	24.4	458 0	栗角居勝
11	◬	❹	⑦	アンブロジオ	牡4	56	津村明	1.33.5	頭	2-2-2	中34.1	⑬	37.1	462+2	南菊沢徳
12	◎	❻	⑫	メイショウオーパス	牡4	56	横山典	1.33.6	3/4	16-16-15	内33.2	②	6.4	496-4	栗飯田祐
13	○	❹	⑧	ミュージアムヒル	牝4	54	戸崎圭	1.33.6	鼻	6-9-7	中33.8	④	7.4	486+10	南古賀慎
14		❼	⑭	チャンピオンルパン	牡8	55	横山和	1.33.7	3/4	12-17-18	外**33.0**	⑰	165.6	494 0	南勢司和
15		❻	⑪	エスターテ	牝4	52	松岡正	1.33.8	首	6-6-7	中34.0	⑮	46.5	426+4	南伊藤伸
16		❷	④	ラセット	牡4	56	柴山雄	1.33.8	首	17-18-18	内33.1	⑪	27.8	480-10	栗庄野靖
17		❼	⑮	バティスティーニ	牡6	55	石橋脩	1.33.9	首	12-15-15	外33.5	⑭	37.3	488 0	栗池添学
18		❽	⑯	レオナルド	牡6	54	内田博	1.33.9	首	5-6-5	外34.2	⑱	180.2	442+2	南黒岩陽

単⑱5860円　複⑱1560円　⑩240円　⑰300円　　ブリンカー＝④⑮
馬連⑩—⑱25780円㉛　　枠連❺—❽2270円⑬
馬単⑱—⑩63420円179　３連複⑩⑰⑱78320円253
３連単⑱⑩⑰763110円2028
ワイド⑩—⑱8450円㉛　⑰—⑱9030円㊼　⑩—⑰1330円⑩

着全部をディープ産駒が占めることは考えにくく、3頭中2頭までと決めるのが次の段階。ここまではわかるとしてもいい。オークス、ダービーがディープ産駒のワンツー決着だったから、距離は違ってもここでディープ産駒を狙うのはかまわない。芝1600mということならステイゴールド産駒が激走しているのだが、ディープ産駒を狙っても悪くはない。問題はその買い方である。彼はなんと、ディープ産駒2頭軸の相手総流しの3連複を買ったというのだが、ディープ産駒4頭から2頭を選んで軸にしたのではない。ディープ産駒4頭を全部買うのだ。ということは、2頭軸のパターンは全部で6通り、それで相手総流しの3連複を買うということは、18頭立てであるから、16通り×6で、なんと96点買いである。「金あるんだ」と思わず呟いたら、「いやあ、きょうは万馬券をいくつか取っちゃったから」とおっしゃる。

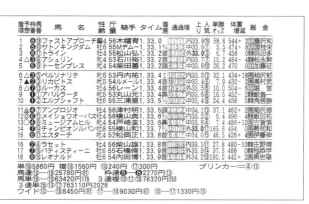

このレースは逃げた⑱ファストアプローチが1着、2着が⑩サトノキングダム、3着が⑰トラインで、3連複が7万8320円、3連単が76万3110円という決着だったが、彼はその8万弱の3連複を2~3着の2頭を軸にしてゲットしたわけである。それなのに、「いやあ、ひどくない？　⑩サトノキングダムが1番人気で、⑰トラインが3番人気だよ。どうしてこの2頭がそんなに人気になるの？」と文句を言うのだ。たしかに手元の新聞を見てもこの2頭には印がぽつぽつ付いている程度で、とても1番人気と3番人気とは思えない。もっとも⑩サトノキングダムが1番人気とはいっても、その単勝オッズは5・5倍。大混戦のレースだったということだろう。それに8万弱の3連複を仕留めたのだから、いいではないか。その日ボウズだった私にしてみれば、なんとも羨ましい。話を聞いてみるとこの彼、ＷＩＮ5が始まったばかりのときに200万をゲットし、その後2ヵ月弱、全く当たらなかったのでＷＩＮ5を買うのをやめてしまったという。「だからさ、おれ、ＷＩＮ5は永遠にプラスなの、アハハハ」。そうか、競馬に強い人がいるということか。「これから町田に帰るの、遠いねえ、アハハハ」と笑ったこいつは、中山競馬場のすぐそばに住んでいるから、府中から帰るには私より遠いんである。それを指摘すると「そうか、そうだなあ」とまた笑うから、面白い男がいるものだ。馬券で大勝ちした日だから機嫌がよかったのかもしれない。

私、その土曜はボウズだったが、その段階ではまだ日曜があるさ、と思っていた。エプソムCもマーメイドSも、なんだか荒れそうだし、楽しそうではないか。レースが終わるまではいつもそんなふうに思っているが、あっという間に、レースは終わるのである。ああ、このまま土日ボウズで終わるのかと思っていたら、阪神最終でようやくヒット。3歳以上2勝クラス（以前で言うと1000万下だ）のダート1400m戦だが、5番人気の⑪パドカトルを軸にして、相手4頭の3連単マルチ（つまり36点だ）を買うと、その軸馬が2着して、1着⑯メイショウギガースも、3着の⑧アヴァンティストも買っていたから、1万5400円がヒット。屁のつっかいにもならない額だが、ボウズよりはいい。と、思ったのだが、東京最終レースが終わってから、この日の投票履歴をチェックすると（予想外の馬券が当たっていたりしないだろうかといつも最終レースが終わってからチェックするのだ）なんとなんと、履歴一覧には☆印がひとつも付いてない。あわてて調べると、⑪パドカトルを軸にしたつもりだったが、実際の投票では⑫ワンダープラヤアンを軸にしていた。つまり投票のときに隣の馬番を押してしまったわけだ。その⑫は12番人気だったので、オッズ投票のときにちらりと見えた各目のオッズが、だからすごかったのだとようやく納得。ということは土日でボウズだ！

ラボーナが超ぴかぴかだった日

「驚くことに、今年はルメールとデムーロで一度も的中がありません」と、日曜日にアキラからメールが来た。それは逆に難しいんじゃないか。何回くらい買ってるの？　と質問すると、「39回と38回です」とすぐに返事。なんで、そんなのがすぐにわかるんだ？　騎手別成績一覧でわかるんだという。私も馬券はすべてＰＡＴで買ってるから、わかるはずだと言う。データは全部蓄積されているようだ。そういえば、だいぶ前に競馬場別のデータを調べたことがあったな。あの騎手別データがあるということだ。で、調べてみたらホントに面白い。今年の私の回収率ベスト3は、杉原１１７５％、亀田６７８％、アブドゥラ４４７％。買った回数と的中数も出ているのでそれを紹介すると、杉原11回で2回的中、亀田6回で2回的中、アブドゥラ14回で1回的中。つまり、なにか大きなやつが当たったんでしょうね。全然覚えていないけれど。杉原で１１７５％になるようなやつを当てた記憶は全くない。なんだろう。今年はまだ半年しか過ぎていないのに、アブドゥラって今年も来てたの？　それすら記憶がない。

ちなみに、面白いので昨年1年間の回収率も調べてみた。1位は菱田868％、2位は嶋田569％、3位は義479％。こちらも心当たりは全くない。意外にいいのが、石橋で、今年の的中率は9％だが、回収率が356％。「そういえば、よく石橋って叫んでいますよ」とアキラ。そうかなあ。オサムの今年のベスト3は、四位1085％、西村509％、斉藤新407％。アキラは、ダービー上位の3人を除いて集計したら（ダービーの3連単を当てたのでこれを入れると、上位3人の騎手が並んでしまう）、石橋417％、木幡巧309％、三浦176％。みんな、違っているところが面白い。

問題は、こういうのがわかると、相性のいい騎手をつい買いたくなることだ。たとえば、この日の東京9R青梅特別。3歳以上2勝クラスのダート1600m戦だが、②トレンドライン（4番人気）で堅いとアキラは言うのである。ここは1番人気の⑮ブルベアイリーデで堅いだろ。この馬は前走の青竜Sで4着だが、そのときの上位3頭がこの日のメイン、ユニコーンSで人気になっているのだ。こんなところで負けていられない。と思ったのだが、②トレンドラインの鞍上が石橋であることに気がつくと、すぐに態度を変えてしまうのである。で、いつの間にか私もアキラと一緒に、②トレンドラインを1着に置いた3連単を買っていたりするのだ。②トレンドラインは後方からのスタートで、直線差をつめたものの7着まで。ふーん。

今週の反省は、次の東京10R町田特別。このパドックで、①ラボーナが超ぴかぴかだった。しかも鞍上はふたたび石橋だ。すぐにアキラとオサムにメールを送った。「すごいすごい。朝からずっとパドックを見ているけど、今日いちばんのデキ！」。このレースは11頭中6頭が、単勝1桁台という大混戦のレースで、10倍台が2頭、40倍台が1頭、100倍台が2頭。つまり、100倍台の2頭を除く9頭のうち、6頭が単勝1桁なのだ。①ラボーナはその6頭の中ではいちばん下の6番人気。そこまで阪神6Rの⑭ラッキーバローズ（4番人気）の複勝190円、東京8Rの⑧アゴベイ（2番人気）の複勝170円が転がったので、複コロ分が3400円になっている（東京8Rには100円足して2000円入れたので）。まず、その3400円を①ラボーナの複に入れた。しかしこれだけでは物足りない。「馬連を買いたいなあ。相手は、デムーロ、丸山、大知の三択です」とメールした。⑧ベイビーステップ、③エリティエール、⑪マイネルクラフトである。人気は順に、3番人気、2番人気、4番人気だ。馬連オッズは、29倍、20倍、31倍である。結果は、1着⑧ベイビーステップ、2着①ラボーナ、3着⑪マイネルクラフトだったから、1頭軸で相手3頭の3連単マルチを買っても当たっていた。たった18点で、2万6040円。馬連を3点買えば、①⑧2960円がヒット。どうやっても当たっていたのに、どうして複勝（280円）しか当たらないのか。たいした配当ではないけれど、こういうものをコツコツと積み重ねていかないとダメだ。特に、馬連を取りたかった。3連単はめったに当たるものではないので、その間を耐え忍ぶためには馬連である程度を補填していかないとあとがつらくなる。

この日は、東京メインのユニコーンSで、⑪ダンツキャッスル（6番人気）の複に、ここまで転がった9500円を入れると、ゴール前でぎりぎり3着に差したので、400円の複がヒット。それだけで3万8000円になって救われたが、こんなことはめったにないことなので、やはり馬連を当てたい。すべてのレースで馬連を買うのではなく、3連単は買えないけど、馬連なら買える、というレースでは積極的に馬連を買っていきたい。そう思うのである。

なんだか物足りないぞ

3連単フォーメーションにはいろいろなパターンがある。たとえば、宝塚記念の日に一緒に東京競馬場に出撃したシゲ坊が教えてくれたのは、1頭→2頭→6頭（このうちの2頭は2着に置いた馬）のフォーメーションで、これで10点だという。たった10点でいいの？ いいなあこれ。この日の函館6R（3歳未勝利の芝2000m戦）で、⑩アナザーラブソング（2番人気）を1着に、⑦レンジャーガール（4番人気）と、⑨トーセンオリンピア（1番人気）を2着に、3着欄にその2頭の他に、③ナミブ（6番人気）、⑤エスキシータ（7番人気）、⑥グランジェット（5番人気）、⑧キャリー（3番人気）を置くと、⑩→⑨→⑦の3連単が当たって、その配当が8290円。⑩アナザーラブソングの単勝は500円だったから、3連単にして3290円儲かったことになる。いいじゃないかこれ、と思ったのだが、あとで考えてみると、⑩アナザーラブソングを1着に置き、⑦レンジャーガールと⑨トーセンオリンピアの2頭だけを2〜3着に置き、各500円にすれば、総額

3回東京8日　12R　3歳上1勝クラス

着順	予想	枠番	馬番	馬名	性齢	斤量	騎手	タイム	着差	通過順	上り	人気	単勝オッズ	体重増減	厩舎
1	◎	❷	④	パイロジェン	牡3	54	田辺裕	1.23.4		4 4 4 中	35.2	①	3.0	454 0	(北)伊藤圭
2	▲	❻	⑫	ラディアント	牡3	54	田中勝	1.24.0	3½	3 2 2 内	36.1	⑦	19.7	508+ 4	(南)小野次
3	○	❻	⑪	オルクリスト	牡3	54	内田博	1.24.0	頭	13 11 11 外	34.9	⑤	10.0	456− 4	(北)杉浦宏
4		❹	⑧	アポロビビ	牡3	54	松岡正	1.24.2	1¼	9 10 9 外	35.5	④	8.6	468− 6	(南)中舘英
5	△	❽	⑯	セイヴァリアント	牡3	54	石橋脩	1.24.2	首	16 16 16 外	**34.5**	⑥	13.4	482 0	(南)中川公
6	△	❽	⑮	ホーカスポーカス	牡4	54	藤田菜	1.24.3	½	8 3 2 中	36.3	⑧	25.6	440+ 4	(南)根本康
7		❷	③	クワトロダッシュ	牡4	56	木幡巧	1.24.4	½	4 7 5 中	36.0	⑪	36.0	488− 2	(南)牧　光
8		❶	②	リトルモンスター	牝3	52	松若風	1.24.5	¾	14 13 14 中	35.1	③	7.4	468− 4	(南)武井亮
9		❺	⑩	スズノフブキ	騸5	57	武士沢友	1.24.7	1¼	1 1 1 内	36.9	⑫	43.6	478 0	(南)高橋裕
10	△	❺	⑨	フローラルパーク	牝3	52	戸崎圭	1.24.8	½	9 7 7 外	36.3	②	4.1	490 0	(北)加藤征
11		❸	⑤	ウィンターパレス	牝4	55	大野拓	1.25.1	1½	12 13 12 内	35.8	⑭	126.8	504+12	(南)黒岩陽
12		❶	①	アテンフェアリー	牝3	52	岩部純	1.25.6	3	4 7 9 中	36.9	⑬	44.0	464 0	(南)菅野浩
13	△	❸	⑥	ガチコ	牝5	52	木幡育	1.26.2	3½	15 13 16 外	36.6	⑩	27.9	466+ 2	(北)高橋文
14		❹	⑦	アポロチーター	牡3	54	津村明	1.26.6	2½	2 4 7 内	38.0	⑨	25.7	526+10	(北)岩戸孝
15		❼	⑭	マサノビジョン	牡3	51	小林凌大	1.27.0	2½	7 4 5 中	38.6	⑯	169.1	456−13	(北)蛯名利
16		❼	⑬	グーガルラヴィ	牡3	54	嶋田純	1.27.2	1½	11 11 12 外	37.9	⑮	137.5	506+12	(北)手塚貴

単④300円　複④150円　⑫560円　⑪270円　　ブリンカー＝⑩
馬連④—⑫2680円⑦　枠連❷—❻880円②
馬単④—⑫4440円⑬　３連複④⑪⑫7210円⑱
３連単④⑫⑪34150円㊱
ワイド④—⑫1030円⑧　④—⑪470円②　⑪—⑫2330円㉗

は１０００円と同じで、配当が４万超え。こちらのほうが断然よかったことに気づくのである。いや、終わってから思うことではあるのだが。

　この日の痛恨は、東京最終（３歳以上１勝クラスのダート１４００ｍ戦）。７番人気の⑫ラディアントがこの日の勝負馬であった。前週のユニコーンＳの⑪ダンツキャッスル（６番人気）のように、それまで複勝を転がしてこのレースまでに１万円に膨れ上がらせて、それをここにズドンと入れたい。それを朝から考えていた。先週は９５００円になった複ころをユニコーンＳに入れると、⑪ダンツキャッスルが３着し、その複勝が４００円ついて配当が３万８０００円。その再現を狙ったのである。もちろん３連単も買うけれど、そちらは当たればもちろんうれしいが、そんなに世の中は甘くない。⑫ラディアントの複勝が当たればよしとしよう。まず東京４Ｒの⑥ピエタフィリアーレ（９

番人気）が3着して複勝520円をゲット。このレースは⑥を1着と2着に置いた3連単フォーメーションを買っていたのだが、3着では外れ。2着バージョンの代わりに3連複にしておけば、1万3220円の3連複が当たっていたのだが（3連単は8万2440円）、後悔先に立たず。まあ、複勝が当たったのだから、それでよしとしたい。これを2倍くらいの複に転がして、東京最終を迎えたいのだが、次に入れるレースがなかなか決められない。ええい、ここしかないと入れたのは函館9R（3歳以上1勝クラスの芝1200m戦）。⑦モズベイビー（2番人気）と⑮アスタールピー（1番人気）の2択だったが、迷った末に選んだのは⑦のほう。このとき⑮を選んでおけば、1着の複180円が当たって9360円になっていた。9500円になった先週とほぼ同額である。そして東京最終の⑫ラディアントは2着（複勝は560円）だったから、複勝転がしは5万2000円になっていた計算になる。それで十分ではないか。どうして⑦を選ぶかなあ。この⑦モズベイビー、何着だったと思いますか？　2択で迷った⑮のほうは1着だったのである。ところがこの⑦は、なんと15着。複勝を買った身からすれば、4着も15着も同じなのだが、しかしここまで惨敗すると、脱力する。

それでも⑫ラディアントが2着なら、3連単は取ったのだろう、と思うかもしれない。勝ったのが1番人気の④パイロジェンで、2着が⑫ラディアント、3着が⑪オルクリスト

（5番人気）の3連単が、3万4150円。たいした配当ではないが、7番人気の⑫ラディアントを本命にしている私なら、これは簡単に取れる馬券である。なぜ外したのか。実はこのレースの返し馬で、⑧アポロビビ（4番人気）と⑫ラディアントが超ぴかぴかだったのである。これに影響されたのには理由がある。この日の東京5Rの返し馬が久々に当たったからだ。5Rでぴかぴかだったのは、③サナチャンと⑯オーロラテソーロ。11番人気と7番人気の馬で、私は後者を選んで失敗してしまったのだが、このレースを勝ったのはなんと前者で、その単勝は8060円（複勝は1530円）、ということがあったのである。それに比べれば、今度は4番人気と7番人気だ。全然怖くはない。しかし⑫だけではなく、⑧も買いたくなったので、いつもの買い方を少し変更。そのために、3連単は2着↓1着↓3着と微妙な外れ。⑫ラディアントの複に1万入れたシゲ坊はこれでこの日の収支をプラスに転じたが、そうか、財布から1万を出す手があったのか。複ころがその前に失敗したので、私は複勝買いをやめて3連単だけにして撃沈。勝負馬が2着に来たのに1円にもならないとは残酷だ。阪神最終の3連単がなんとかヒットしてチャラになったのだけが救い。おお、これで春は終わりなのか。もう夏競馬なのか。なんだか物足りないぞ、と思うのである。

予想は当たっていたのに！

1年ぶりに福島に行ったら、4階指定席エリアの売店が閉鎖していた。いちばん4コーナー寄りの売店である。ずいぶん昔、盛岡のオーロパークに行ったとき、指定席エリアのレストランが休業していたことを思い出す。競馬が開催中なのに、売店やレストランが閉鎖しているのは淋しい。そういえば、土曜の朝、福島駅に着いたら、いつもはタクシー乗り場に行列ができているのに、今年は誰も並んでいない。どうしたんだ、福島。その土曜日に1階フードコートにかき氷を買いに行ったとき「なんだか今年、すいてない？」とおばちゃんに声をかけると、「そうなのよ、行列ができると思ってコーンまで用意していたのに、これじゃあ出番はないわ」と店の奥を指さした。見ると、赤い円錐形のプラスチックが、店の奥に淋しげに置かれていた。でもさ、おばちゃん、ここに行列ができてないのは、私は好きだけど、普通の人はあまりに寒いからかき氷なんて食べたくないんじゃないの。なにしろこの日の朝、福島駅に着いたとき駅前の気温表示は19度なのだ。しかも雨がどしゃ

2回福島初日　11R　テレビユー福島賞

着順	予想	枠番	馬番	馬名	性齢	斤量	騎手	タイム	着差	通過順	上り	人気	単勝オッズ	体重増減	厩舎
1	△	❼	⑪	シャドウノエル	牝4	55	内田博	1.08.4		2-2-2 中	34.6	③	6.0	466+ 4	美角居勝
2	◎	❽	⑬	メイショウカリン	牝5	55	鮫島駿	1.08.5	½	7-7-5 中	34.4	⑥	10.7	482-10	美笹田和
3	▲	❽	⑫	ナンヨーアミーコ	牡6	57	石橋脩	1.08.5	首	⑬-13-10 外	**33.8**	④	7.1	436- 2	北宗像義
4	○	❻	⑧	モアナ	牝5	55	戸崎圭	1.08.5	頭	3-3-3 中	34.6	①	3.1	500- 6	北高橋文
5	△	❺	⑥	パーリオミノル	牝6	55	三浦皇	1.08.6	首	12-12-13 外	34.1	⑨	26.5	466+ 6	美北出成
6		❶	①	ハーグリーブス	牡4	57	吉田豊	1.08.7	½	③-3-3 内	34.8	⑤	8.1	506-10	南尾関知
7		❹	④	ブラッククローバー	牡7	57	野中悠	1.08.7	鼻	3-5-5 中	34.7	⑩	41.8	488 0	美川村禎
8		❸	③	カネトシブレス	牝6	55	菊沢一	1.08.7	首	6-8-10 中	34.5	⑧	25.9	448+ 2	美寺島良
9	△	❺	⑦	ショウナンアエラ	牡5	57	田辺裕	1.08.7	鼻	⑨-10-10 中	34.4	②	4.7	476-12	南奥村武
10	△	❹	⑤	トワイライトライフ	牝5	55	津村明	1.09.0	1¾	1-1-1 内	35.3	⑦	15.9	464-10	南黒岩陽
11		❷	②	イオラニ	騸8	57	丸山元	1.09.0	鼻	7-8-8 内	34.8	⑪	58.6	478-16	美石坂公
12		❻	⑨	クラウンルシフェル	牡8	57	木幡巧	1.09.0	首	11-10-8 外	34.7	⑫	90.2	484+ 2	北天間昭
13		❼	⑩	ゲンキチハヤブサ	騸7	57	柴田大	1.09.1	¾	9-5-5 中	35.1	⑬	128.5	472-10	美川村禎

単⑪600円　複⑪200円　⑬290円　⑫210円　　ブリンカー＝⑦⑨
馬連⑪—⑬3550円⑰　　枠連❼—❽1360円⑥
馬単⑪—⑬6760円㉛　３連複⑪⑫⑬6060円㉓
３連単⑪⑬⑫36610円138
ワイド⑪—⑬1200円⑮　⑪—⑫880円⑨　⑫—⑬970円⑫

どしゃ降って、こんな日にかき氷を食べたい人は少ないだろう。この時期の福島は雨にたたられることが少なくないが、今年の福島開幕週は記録的な雨量で、芝もダートも不良。今年はオサムが直前にキャンセルしたので、私とトシキとアキラのみちのく3人旅である。

トシキは相変わらず朝から当てまくって、なんと土曜の的中が10本。それでマイナス5万というから想像を絶している。対してアキラと私は朝から全然当たらず、ずっとボウズ。それを象徴するのが、まず私の福島メイン。テレビユー福島賞は3歳以上3勝クラスの芝１２００ｍ戦だが、ああでもないこうでもないと悩んだ末に、やっと⑫ナンヨーアミーコ（4番人気）と、⑬メイショウカリン（6番人気）の2頭軸3連単マルチと決めたのである。相手は8頭。48点だ。それをせっせと打ち込んで、いざ購入したら、なんと締め切り。こういうときに限って、この馬券が当たるのである。ゴール前の大混戦を制したのは、3番人気の⑪シャドウノエルで、2着と3着が、⑬と⑫。間に合っていれば的中である。3番人気→6番人気→4番人気の決着で、3連単は3万6610円。びっくりするほどの配当ではないが、いいじゃないかそれで。アキラの場合はこの日の函館最終だ。軸馬にした①ローリングタワー（4番人気）がスタート直後にいきなり落馬したのである。「嘘ーッ」という呟きに、言葉もない。私の場合も、アキラの場合も、二人の絶不調を象徴する出来事と言っていいだろう。対してトシキは翌日も絶好調で、この日も11本を奪取。土曜はそれでもマイナス5万という結果だったが、日曜は函館10R檜山特別をどかーんと当てたのが大きかった。1番人気の⑤メイクハッピーと、10番人気の⑬フクノグリュックの2頭軸で3連複総流しを買ったら、この2頭が1～2着して、その3連複が2万4800円（3着は8番人気の⑨メイショウイッポン）。これだけなら、さして驚かないが、1～2着の馬連5300円と、ワイド1800円も購入していたというから、お見事。3連複の総流しを買ったのに、なぜワイドも買ったのかというと、2頭軸がせっかく来たのにもう1頭が人気馬で、配当が思ったほどつかないことがよくあるんだという。だから、ここはワイドを買ったらしい。調べてみると、トシキの軸馬2頭、つまり⑤と⑬が来ても、残る1頭が2番人気の⑦マーガレットスカイだったら、3連複はたしかに89倍と安い。これではせっかく10番人気を狙ったのに妙味がない。ワイドで勝ちを確定したくなる気持ちもわかる。じゃあ、馬連を買ったのはなぜ？「それは勢いだね」。しかしちょっと待ってくれ。このおやじは、3連複総流しに1200円、ワイドに2000円入れ、馬連は600円だというのだ。総額3800円で10万を超える配当なら悪くないが、馬連が600円というのがわからない。最後に買ったのですよ馬連は。3連複1200円、ワイド2000円買って、最後に馬連を買うときは、普通は500円か1000円、あるいは総額がぴったりするように買うのではないか。つまりこの場合は、3000円か8000円だ。そうすると総額が3500円か4000円になる。私ならそうすると思うのだが。いや、どっちでもいいんだけどね、他人の馬券の買い方には謎が多いという話である。

日曜は中京2Rの3連単（612倍）を仕留めたので少し浮いたけれど、土曜に負けすぎたので全部は取り返せなかった。アキラは日曜に馬連を2本取ったもののマイナス。結局、今年のみちのく旅は、トシキの独り勝ちであった。収穫は土曜に入った居酒屋で、酒も料理もおいしくて、そのわりに驚くほど値段が安く、すっかり気にいってしまった。来年もぜひ行きたい。それまで健康で、元気でいられますように、と福島をあとにしたのである。

3連単10点作戦で夏を乗り切れ

この7月から、ＰＡＴ投票の画面が変更になった。もう2年近く前からそのことは告知されていて、ずいぶん前から新システムでの投票も選べたのだが、切り替えるのは完全に変更になってからでいいや、と思い、ずっと旧システムで投票していた。先月、トシキがタブレットを購入して競馬場でのＰＡＴデビューしたとき（それまで競馬場に出撃したときは、彼は窓口で馬券を買っていた）、その画面を覗いたら、見たことのない画面だったので驚いたことがある。どうせすぐに切り替わるのなら、新システムで投票しようと最初から新方式を選んだのですね。どんなことでも同じだが、慣れるまでは大変だ。今回のＰＡＴ新方式でいえば、間違えたときのやり直しがわからない。あ、いけねえと間違いに気づいたとき、どうやって間違える前の画面に戻せばいいのかがわからない。いつもの「戻る」をタップするといちばん初めに戻ってしまうので、そこから「オッズ投票」→「場名」→「レース番号」→「馬券の種類」と、最初の段階からいちいちやり直すのである。あともうひとつは、買い目を表示させて1点ずつの金額を変えていく方法がスムーズにできない。できるときもあるのだが、はっと気がつくと、なぜか100円という表示が残っていて、それを一つずつ消して、新たな数字を打ち込まなければならないときがある。うまくいくときと失敗したときの違いがわからないのだ。締め切り時刻が迫っているときは、はらはらして落ちつかない。競馬場にいるときなら窓口に飛んでいきたくなる。当分の間はいつもより早めに投票するように心掛けよう。やり直す時間を最初から予定に組み入れていたほうがいい。

というわけで、今週は新システムに慣れず、それを解決することが中心だったので、他のことは特に話題がない。いや、馬券でクリーンヒットがあれば、新システムに慣れずに大変だったけど、馬券は面白かったぜという報告もできたのだが、そういうこともなく、いつものように負けただけ。日曜の朝、七夕賞の予想をLINEに書き込むと（私の◎○▲の3連複がなんと500倍！）、すぐにアキラから「きょうは休むつもりだったけど、その3頭に1番人気を足した4頭ボックスを買います！」と書き込んできた。オサムの書き込みは昼。「朝から畑に来ていましたが、七夕賞はまったくわからないので私も乗らせて貰います」だって。おいおい、みんなが乗るなんて無謀だよ。今となっては恥ずかしいから馬名は書けないが、私の◎が14番人気（ちなみに七夕賞は16頭立てだ）、○が10番人気、▲が9番人気なのである。こんなの来ないよな。3連単ボックスまで買っちゃったけど。

2回福島4日　11R　七夕賞

着順	予想	枠番	馬番	馬名	性齢	斤量	騎手	タイム	着差	通過順	上り	人気	単勝オッズ	体重増減	厩舎
1		❻	⑫	ミッキースワロー	牡5	575	菊沢一	1.59.6		10 9 4 中	36.7	③	8.2	478-2	美菊沢徳
2	○	❽	⑮	クレッシェンドラヴ	牡5	55	内田博	1.59.7	¾	12 10 8 外	**36.6**	②	6.1	498+8	美林　徹
3		❺	⑨	ロードヴァンドール	牡6	55	横山典	2.00.2	3	3 3 3 中	37.8	⑫	27.0	498-2	栗昆　貢
4		❻	⑪	ゴールドサーベラス	牡7	54	藤田菜	2.00.3	½	16 15 13 外	36.9	⑪	26.6	446-6	北清水英
5		❶	②	アウトライアーズ	牡5	54	野中悠	2.00.5	1	12 11 11 外	37.3	⑭	39.5	494-4	北小島茂
6	▲	❹	⑧	タニノフランケル	牡4	55	福永祐	2.00.6	½	2 2 2 内	38.3	④	8.6	518-4	栗角居勝
7	△	❽	⑯	クリノヤマトノオー	牡5	55	和田竜	2.00.6	頭	8 7 8 中	37.9	⑤	10.1	474-2	栗高橋忠
8	△	❷	④	ソールインパクト	牡7	54	大野拓	2.00.7	½	12 16 16 外	37.0	⑧	14.7	494-4	美戸田博
9	△	❼	⑬	ウインテンダネス	牡6	56	柴田大	2.00.8	頭	12 11 13 外	37.6	⑨	15.8	510+4	栗杉山晴
10	△	❶	①	エンジニア	牡6	54	津村明	2.00.9	¾	7 7 8 外	38.2	⑩	24.3	4860	美牧　光
11	◎	❷	③	ロシュフォール	牡4	55	三浦皇	2.00.9	鼻	11 11 11 外	37.7	①	4.2	516+8	北木村哲
12		❹	⑦	カフェブリッツ	牡6	54	蛯名正	2.01.3	2½	6 3 4 中	38.9	⑬	32.2	5380	栗池江寿
13		❸	⑥	マルターズアポジー	牡7	57	武士沢友	2.01.3	首	1 1 1 内	39.2	⑮	39.7	532+2	美堀井雅
14		❼	⑭	ブラックスピネル	牡6	57	石橋脩	2.02.0	4	4 3 4 中	39.6	⑦	12.0	510+4	栗音無秀
15		❺	⑩	ベルキャニオン	牡8	55	丸山元	2.02.3	1¾	9 11 15 中	39.1	⑯	75.8	496-2	北堀　宣
16		❸	⑤	ストロングタイタン	牡6	57	戸崎圭	2.02.4	首	4 3 7 内	40.0	⑥	10.9	526-16	栗池江寿

単⑫820円　複⑫300円　⑮220円　⑨680円　ブリンカー＝⑨⑦⑭
馬連⑫―⑮2710円⑥　枠連❻―❽1620円⑥
馬単⑫―⑮5960円⑮　３連複⑨⑫⑮31460円119
３連単⑫⑮⑨172290円616
ワイド⑫―⑮1180円⑨　⑨―⑫3850円�51　⑨―⑮3160円㊸

競馬が難しいのは、そんなに超人気薄が飛び込んでこなくても結構いい配当が出ることだ。今年の七夕賞は勝ったのが3番人気の⑫ミッキースワロー、2着が2番人気の⑮クレッシェンドラヴ。上位人気馬同士の組み合わせなのに馬連が2710円。これだけでもおいしいが、そこに3着⑨ロードヴァンドール（12番人気）がくっつくだけで、3連単が17万馬券。3頭ともに人気薄の馬券を買うバカ（私だ！）も世の中にはいたりするが、上位人気2頭プラス人気薄1頭の組み合わせでいいのだ。ちなみに私の◎は5着、○は10着、▲は9着。ふーん。

この日仕留めたのは中京9R大府特別。3歳以上2勝クラスの1200mダート戦だが、1番人気の⑨モンペルデュ↓3番人気の③デザートストーム↓8番人気の⑮ヒップホップスワンで、3連単が159倍。⑨モンペルデュの1着バージョン15点、2着バージョン

15点、合計30点だったので、5倍ちょっとにしかなっていない。やはり投入資金の10倍は欲しい。配当が10倍あれば、10回に一度ヒットすればチャラになる。ただいまの目標は1日の購入レース数が10レースなので（今週は土曜が11、日曜が12。いつも予定よりも買ってしまうが、夏競馬はこれでいく）、10倍の馬券を1日に一度とればチャラ。それ以上の配当があればプラスという計算になるが、土日で当てたのが1本だけで、しかもそれが5倍では永遠にプラスにならない。

今夏は中京、札幌、小倉とまだ遠征が3回残っているが、遠征のときには好きに買っていいと自分に許している。競馬仲間と楽しい旅なのだ。そんなときぐらいは好きにやればいい。そうでなければ楽しい旅にならない。自分を律するのは、それ以外の日だ。一人で馬券を買う夏競馬をどう過ごすかが鍵なのである。秋に飛躍するために、あまりマイナスを増やさないこと――それが重要だ。15点バージョンの裏表は秋までお預けで、夏の間は10点バージョンの表のみ、という3連単作戦に徹したい。それがただいまの目標だ。1頭→2頭→6頭で10点。単勝を1000円買ったつもりで、今年の夏はこの「10点3連単作戦」でいく。

最後まで諦めるな！

競馬の当たり外れは、ほんのちょっとした差である。自分の予想と全然関係のない結果ならば、悔しくもない。そんな馬券、買えるわけもないのだから、反省のしようもない。実際はそういうレースが圧倒的に多いのだが、時には、「この馬券、買えたよなあ」ということがある。それなのに、ちょっとしたことで買えなかったのだ。こういうときは悔しい。

たとえば、函館記念だ。週中から本命は④マイスタイルと決めていた。とにかく1回置きに走る馬なので、大変にわかりやすい。前走の巴賞では2番人気で9着と負けているが、今度は走る番だ。成績欄を見れば一目瞭然だが、中日新聞杯8着、京都金杯2着、小倉大賞典10着、ダービー卿CT3着、巴賞9着——とホントに1回置きなのである。誤算は、みんながそのことを知っているので、なんとこの馬が1番人気になったことだ。前日の段階から1番人気なのである。えっ、1番人気なのかよと、ここでテンションが下がってしまった。前走9着の馬が1番人気になるのだから、「1回置きに走る説」は広く浸透しているということだろう。オッズ的には大混戦のレースで、1番人気とはいっても単勝5倍。だから馬連その他は結構おいしいのに、なんだかなあとマイスタイル本命がぐらついてしまった。

もう一つ、マイスタイルを疑ってしまったのは、パルブライトを思い出したこともある。1998年の函館記念を勝ったパルブライトは、当時7歳（旧年齢表記）、9番人気だったのでその単勝は4490円、馬連は5番人気のサクラエキスパートを連れてきたので、1万7950円。単勝も馬連も、大本線で的中したのだ。4コーナー後方から全馬をきれいに差し切ったことを、まだ昨日のことのように覚えている。「コワタコワタコワタ！」と絶叫したら（鞍上が木幡初広）、斜め前のおばちゃんがこの人はどうしてそんなに興奮しているのと振り向いたことまで覚えている。そのときは福島競馬場にいた。そのときから函館記念は差し馬だ、と決めているのである。それを思い出した。マイスタイルは先行馬じゃないか。それにこの10年、1番人気馬は2着と3着が1回ずつで、あとはことごとく4着以下なのである。なにもそんなレースで1番人気の先行馬を買うことはない。こうやって、当たり馬券からどんどん離れていく。結局、私が選びなおした本命は、⑧メートルダール。6歳の差し馬で8番人気。パルブライトと微妙に近い。対抗は④マイスタイル（1着）にして、⑥マイネルファンロン（2着）もヒモに拾った。しかし、軸馬の⑧メートルダールが7着では、逆立ちしても馬券は当たらない。なんで予想を変えちゃったのかなあ。本命を変更しなければ、3着の⑩ステイフーリッシュもパドックでよく見えた馬としてチェックしていたから、馬連の3870円はもちろんのこと、5万2140円の3連単も楽勝で取れていた。

しかし、こういうことはときどきあることなので、悔しいことは悔しいが、もう慣れてしまった。またなのかよ、と思うだけだ。この日最大のショックは、函館12R渡島特別である。こちらのほうが、函館記念の100倍は悔しい。3歳以上2勝クラスのダート1700m戦だが、武豊騎乗の⑧リワードアンヴァルがダントツ人気のレースで、朝のうちに馬券を買ってしまっていた。そのダントツ人気馬を1着に固定し、ヒモに選んだ5頭を2~3着に置く3連単フォーメーションだ。で、函館記念を取り損なったので、もうテンションだだ下がり。函館最終は朝のうちに馬券を買っているから、もういいやと見直さなかった。追加の馬券もなし。この日の勝負を諦めてしまったのである。取り戻そうとすると負けは倍に膨れ上がる、という名言もあることだし、今日の勝負は終わり。すると、ダントツ人気馬は危なげなく勝ち、2着は7番人気の⑦レンブランサ。この馬は買っているからここまではいいのだが、3着が12番人気の⑪フォルツァエフ。このレースは12頭立てなので、12番人気ということはビリ人気馬である。えっ、ちょっと待ってくれ。これ、いくらつくんだ？　イヤな予感がした。というのは、私の新聞には、その⑪フォルツァエフのところに△が付いているのだ。競馬エイトの調教欄のおすすめ3頭に、この⑪フォルツァエフが挙がっていたので、一応チェックしていたのである。実際に買うときには、買い目から外してしまったのだが、もし3着に拾っていれば、10万3810円の3連単がヒットしていた。こんなに簡単に10万馬券をゲットできるのか！　終わってみれば、前日の土曜の負けと合わせて今週はちょうど全治1ヵ月の負け。ということは、この函館最終をゲットすれば、ぴったりチャラだった！

取り戻そうとすると負けは倍に膨れ上がる——というのは真実だが、しかし諦めるのが早すぎてはダメだ。ぎりぎりまで、熟考を重ねるべきではなかったか。しみじみとそう思うのである。

還暦メグと中京で再会

2回函館5日目の9R、3歳以上1勝クラスの芝1200m戦だが、軸の1頭は6番人気の⑦ショウナンアリアナにすると早い段階から決めていた。ところが、あと1頭がなかなか決まらない。このレースは2頭軸の3連単マルチでいくと決めていたので、もう1頭の軸馬が必要なのだ。候補は、②カンバンムスメ（8番人気）と、⑭トーセンオパール（9番人気）の2頭。いったいどっちだ。ここまではかなりいい線を行っていたと思う。6番人気の相手に、8番人気か9番人気かという段階まで、ごく自然に超接近していたのだから、あとで考えてみると我ながら鋭い。これで馬券を仕留めれば、言うことなしの結果だったのだが、最後のツメで間違えた。⑦ショウナンアリアナの相手に、私は⑭トーセンオパールを選んでしまったのだ。もちろん私なりの理由はある。⑭トーセンオパールは3歳馬なのである。対して②カンバンムスメは5歳馬だ。3歳以上1勝クラスにおいて3歳馬が強いのは明らかなので、最後は年齢で決めてしまった。⑭トーセンオパールも②カ

2回函館5日　9R　3歳上1勝クラス

着順	予想	枠番	馬番	馬名	性齢	斤量	騎手	タイム	着差	通過順	上り	人気	単勝オッズ	体重	増減	厩舎
1	△	❹	⑦	ショウナンアリアナ	牝3	52	吉田隼	1.08.7		7 5 3	中35.1	⑥	14.7	416	+4	栗高野友
2		❷	④	クルークヴァール	牡4	57	池添謙	1.08.7	首	1 2 2	内35.4	③	7.5	466	−2	栗浅見秀
3		❶	②	カンバンムスメ	牝5	55	古川吉	1.08.8	½	8 8 ⑤	内34.9	⑧	20.8	448	−6	美松永康
4	○	❹	⑧	メイショウベルボン	牝5	55	ルメール	1.09.1	1¾	⑮ 13 16	中**34.6**	②	4.1	450	−2	栗南井克
5	△	❸	⑥	エイカイマドンナ	牝4	55	荻野極	1.09.3	1¼	13 13 12	外34.9	⑩	26.0	444	+4	栗藤原英
6		❻	⑪	ソフトポジション	牡4	57	川島信	1.09.3	首	8 9 8	外35.3	⑭	46.2	466	0	栗山内研
7	▲	❸	⑤	ジュブリーユ	牝5	55	石川裕	1.09.4	½	16 16 16	外34.7	④	9.2	490	−2	美牧　光
8	△	❼	⑬	クラヴィスオレア	騸3	51	団野大	1.09.5	首	1 3 3	中36.1	⑬	32.9	466	−14	北藤沢和
9		❺	⑩	ファルコンレイナ	牝4	52	亀田温	1.09.7	1	6 6 8	中36.0	⑯	178.5	390	0	美伊藤伸
10		❷	③	イッツマイターン	牡4	57	柴山雄	1.09.7	鼻	1 1 1	内36.4	⑦	20.4	508	0	北天間昭
11	◎	❽	⑮	キタイ	牝3	52	武　豊	1.09.7	首	5 6 5	中36.0	①	3.1	490	+4	北杉浦宏
12		❽	⑯	フラウティスタ	牝5	55	藤岡佑	1.10.0	2	12 13 12	外35.5	⑫	28.6	444	+2	栗上村洋
13	△	❼	⑭	トーセンオパール	牝3	49	菅原明	1.10.1	¾	8 10 10	外36.0	⑨	21.5	400	−2	北小笠倫
14	▲	❻	⑫	ブールバール	牝3	52	藤岡康	1.10.2	首	13 10 10	外36.0	⑤	14.6	456	+2	栗大久保龍
15		❶	①	スズカマンサク	牝4	55	岩田康	1.10.2	鼻	11 12 14	内35.9	⑮	152.1	416	0	栗橋田満
16		❺	⑨	ヘルメット	牝3	52	菱田裕	1.10.4	1¼	1 3 5	内37.0	⑪	28.1	500	−12	栗岡田稲

単⑦1470円　複⑦460円　④320円　②770円　　ブリンカー＝⑤③⑯
馬連④―⑦5420円⑳　　枠連❷―❹1090円④
馬単⑦―④12350円㊻　　３連複②④⑦24300円㊷
３連単⑦④②174170円597
ワイド④―⑦1830円⑰　②―⑦3500円㊸　②―④2180円㉙

ンバンムスメも、どちらも来ないのなら諦められる。
しかし⑦ショウナンアリアナは勝ったものの、3着は5歳馬の②カンバンムスメ。こっちかい！　2着には3番人気の④クルークヴァールが飛び込んだが、6番人気と8番人気がサンドイッチしたので、3連単は17万4170円。この17万は、簡単に取れた馬券である。どうしてそれを取り逃がすのか。どっと汗が吹き出してきた。

　この日は中京競馬場に、たそがれのトシキ、そして久々のメグと出撃したのだが、指定席が取れずにメディアホールで観戦。ここはスタンドの中であるから冷房完備のはずなのだが、この日の中京はじとじとと暑く、黙っていても汗が吹き出してくる。しかも17万馬券を取り逃がすと、もう不快指数もぐんぐん上がってやる気なし。

　久々に当欄に登場のメグをご存じない方のために若

干の補足を加えれば、メグ、とかわいらしい名前であるものの、還暦になったばかりのおやじである。トシキの後輩なので、昔はよく一緒に東京競馬場に行ったものだが、10年近く前に松本に引っ越してからはめったに会わなくなってしまった。最後に会ったのは6年前。まだ、大名古屋ビルヂングが工事中のときで、そのときは松本から出てきたメグ、そして福岡からやってきたオサム、私とトシキの4人で中京競馬場に出撃した。「競馬場に行くのはあれ以来？」と尋ねると、「数年前にマカオに行きました」。カジノにはまっていたトシキと一緒にマカオに行き、そのときに競馬場にも行ったという。つまり、生の競馬場に行ったのは、この6年で、中京→マカオ→中京と3度目とのこと。競馬場に行かなくても馬券は買っているようだが、「やっぱり競馬場に来ちゃうといつもより馬券を買ってしまいますね」とはメグの弁。日曜はオサムがやってきて、おお、これで6年前と同じメンバーだ。この日は吹きさらしのB指定に入ったが、土曜ほどはむし暑くなく、しかも風があったので過ごしやすかった。ただし、B指定は机にモニターがないので、他場のレースを見るために、いちいちスタンドの中に入らなければならず、延々と歩かなきゃならないのは少々つらい。この日の中京メインは、第67回の中京記念。「あのさ、プリモシーンとカテドラル、消えるならどっちだと思う？」。昼の段階でオサムに尋ねた。「どっちも来るはダメ。どっちも消えるもダメ。1頭消えるならどっち？」。わがままな質問である。中京記念の1

番人気が⑦プリモシーン。2番人気が⑭カテドラルなのだ。両方ともに消えそうな気がしていた。2頭は5月の東京でそれぞれ鬼脚を使ってヴィクトリアマイル2着、NHKマイル3着した馬である。しかしあれは東京コースだ。今度はタフな馬場に替わり、しかも先週からずっと差しが不発の馬場である。それでも実力馬なので、届かず3着というケースが可能性大。それはどっちだ？　オサムは「残るのはプリモシーン！」と即答。なるほど採用しよう。私の本命は6番人気の⑥クリノガウディー。対抗が8番人気の②エントシャイデン。▲が3番人気の⑤グルーヴィット。あとは⑦プリモシーンの他に、①グランドボヌール（9番人気）、③ヴェネト（16番人気）、④ジャンダルム（11番人気）の3頭。全部、内枠固めである。

いやあ、楽しかったなあ。外から⑥クリノガウディーがぐんぐん伸び、⑤グルーヴィットと鼻面を揃えたところがゴール。「差せ差せ差せ」「モリモリモリ！」とオサムと一緒になって叫び通した。結果はハナ差で⑤グルーヴィットの勝ち。その3連単の配当は1万5690円。たいした配当ではないが、ナマ競馬で目いっぱい叫んで馬券をゲットするとやっぱり楽しい。おいしい酒を飲んで帰京したのであった。

攻めるときは朝から攻めろ

当欄の1年分をまとめた『外れ馬券に約束を』（ミデアム出版社）が発売された。出版不況が続く時代に、こんな売れない本を出していただいて、ホント、申し訳ない。版元に足を向けては眠れない。ありがたいことである。

この本の装丁とカバーイラストを描いてくれているのは高柳一郎君で、昔の競馬仲間である。当欄の古い愛読者ならご存じかもしれないが「一郎セーネン」として当時は毎週のように登場していた。その高柳一郎君が毎回、カバーイラストに私を描いてくれているのだが、今回もそれがそっくりなので吹き出してしまった。書店でこの本をみかけたら、ぜひカバーイラストをご覧ください。小太りで眼鏡をかけて、椅子に座っている男が描かれているが、これが私である。横には大きなキャリーカートが置いてあるのも芸が細かい。まさしく私だ。私、東京にいるときでも荷物が多い。博多からやってくるオサム青年よりも私のほうが荷物が多いのである。

ところで2018年の最大のトピックは、皐月賞の予想を当てながら馬券を外したことだ。37万円の3連単を300円買うつもりだったので、配当総額は100万円を超える。それを九分九厘、手中にしながら逃したのである。なぜ馬券を外したのか、詳しくは本書をお読みいただきたいが、あんなチャンスは二度とないだろうと思うと悔しさがまたこみ上げてくる。

しかしとても不思議なのだが、1年間を振り返ってみると、馬券の調子の波とは別に、面白さの波があることに気づく。つまり、一定期間　一つの馬券戦術に凝ることがあるのだ。具体的に言うと、今年の春の東京前半で、上がりタイムと順位だけを克明にチェックしていた。それがときどき当たるから面白いのだ。あとから考えれば、春の前半はAコースであるから、差しがバンバン決まったのである。たから上がりタイムと順位が有効になるということだ。ところがBコースになった途端に、差しがきかなくなるから（今度は前残りだ）、もうチェックしなくなる。当たらないなら調べることもないと、熱が冷めてしまうのである。しばらくするとまた別のことに凝り始めるから、一年中、その繰り返しと言っていい。問題は、馬券戦術が変更になる変わり目のとき、しばらくの間、空白になることだ。なにを頼りにしたらいいのかわからず、その間は、途方にくれてしまう。なにか新しい馬券作戦を思いつくまでおとなしくしていればいいのに、あがいて失敗して負けを積み重ねるから困ったものである。

例えば土曜日の小倉3R、3歳未勝利のダート1700m戦だが、パドックを見ていると、②シングインザレインの気配がいい。4番人気の馬で、鞍上は福永。複勝が2倍以上つくようならここから複勝ころがしでも始めようかと、まずこの馬の複勝を1000円。その他の馬券を買うつもりで一応は検討すると、相手は④タイセイドレッサー、⑤レッドスプリンガー、⑨アールグランツ、⑫タイセイスキャットの4頭。人気は順に、2番人気、1番人気、3番人気、5番人気である。私が複勝を買った②シングインザレインは4番人気の馬であるから、なんのことはない、1~5番人気の馬を選んだにすぎない。じゃあ、つまらないか。複勝を買ったあともずっと検討していたのは、複勝だけではつまらないと思っていたからだ。②シングインザレインを軸に、相手4頭へ3連単マルチを買えば36点。一瞬、買っちゃおうかとも思ったが、1番人気が勝って、2番人気が2着し、私の軸馬が3着のときの3連単は76倍。36点も買って2倍にしかならない馬券なんて買いたくないと、まず3連単を断念。しかしなんだか物足りないので、5番人気の⑫タイセイスキャットへの馬連を1000円だけ買ってみた。これがいちばん面白そうだと思ったのである。オッズは約30倍。

私の狙いはよかったのだ。下手なのは馬券の買い方だけ。というのは、このレースを勝ったのは④タイセイドレッサー、2着が②シングインサレイン、3着が⑫タイセイスキャット。2番人気→4番人気→5番人気の決着で、3連単は352倍。私の軸馬から3連単マルチを買っていれば、簡単に的中していた。これが千後のレースなら間違いなく3連単マルチを買っていただろう。どうして3600円にびびるのか。おとなしくしていればいい、というものではないのだ。攻めるときは朝から攻めろ。しかもショックだったのは、②⑫のワイドが1790円もついたこと。私がこの②⑫を買ったときの馬連オッズは30倍（最終的には28倍）だったのに、そのワイドが1790円もつくなんて信じられない。結局当たったのは②の複勝240円だけ。なんとなんと、今週当たったのはこの複勝だけ。ほぼボウズと言っていい。土日で全治1ヵ月だ。まだ夏競馬は半分が過ぎたばかり。もう一度冷静になる必要がありそうだ。ヤケになるなよ、とただいま自分に必死に言い聞かせているのである。

流れを変えることは重要だ

札幌競馬場の外周部に沿って行ったところに市場がある。そこまで行って、海鮮丼を食べてきたという。アキラの話である。えっ、競馬場の外に行ったの？　思わず私、尋ねてしまった。あまりに馬券が当たらないとき、競馬場の中をうろつくことはたまにあるが、まさか外にまで行ってしまうとは。本当は競馬場を出て、評判のカレーショップを目指したらしいのだが、そこが遠いので途中で断念し、市場で昼飯を食べて帰ってきたということらしい。その評判のカレーショップは、前日の夜に酒場で会った地元の人が教えてくれたという。アキラはいつも一人で夜の街に繰り出していく。遠征に行ったときは、みんなで酒場で軽く飲むとすぐにホテルに戻ってしまうのが最近の通例である。翌日の検討もしなければならないし、それにもう若くはないから、そんなに遅くまで飲めない。そういうときにアキラは一人で夜の街に繰り出すのである。彼は、私やトシキよりもまだまだ若いので、熱い血がたぎっているのだ。土曜の夜は大通りまで歩いて3軒も飲み歩いたという。

で、地元の人が評判のカレーショップを教えてくれたというわけ。流れが悪いときはそういうふうに、目先を変えてみるのは大変にいい。案の定、競馬場に戻ってからアキラは3発を仕留め、前日の負けまで取り戻してプラス。そうか、私もふらふらとどこかへ行けばよかった。

今週は、トシキと彼の教え子たち、そしてアキラにオサム（彼は福岡からやってきた）と総勢6人で札幌入り。北の競馬をたっぷりと楽しもうという計画だったが、暑いんですね札幌も。夜はさすがに涼しいが、昼間はじとじとと暑い。スタンドの中は冷房が効いているはずなのだが、人が多いので熱気むんむんである。しかし食い物はやっぱりおいしい。2年前に札幌に行ったとき、もいわテラスのキッチンカー、タンドール号のカレーがおいしかったので、今年は土日連続で食べてしまった。ここのカレーは、ナンが絶品なのだ。ナンだけ東京に持って帰りたいくらい。スタンドの中の売店で食した「ザンギ串」も美味。帰りは新千歳空港内の「一幻」で、「えびしお」ラーメンを食べたが、これもすこぶるおいしかった。これはアキラが教えてくれたもので、「2年前は食べられなかったので、今年は絶対に食べます」と宣言。じゃあ、私も行く、とついていったら、本当においしかった。空港内にラーメン屋がいくつも集まっている一角があり、そこでいちばん行列ができているのがこの「一幻」だ。だから時間のないときは無理かもしれないが、今回は時間がたっぷりとあったので並んでみた。並ぶだけの価値はある。宿泊したホテルの朝飯もうまく、つまり食い物については申し分がなかった。

なかなか馬券の話にならないのは、とりたてて言うべきものがないからである。それでも土曜は、札幌2R（3歳未勝利のダート1700m戦）の⑬アドマイヤビーナス（5番人気）の複をこっそり1000円買うと、番手先行から抜け出して1着。1〜3番人気が全部4着以下に負けたせいもあり、その複が380円もついた。それを札幌メインの札幌日経オープンの⑤タイセイトレイル（5番人気に入れると、3着の複勝が210円。これで790円になったので、20円を足して8000円を新潟11R越後S（3歳以上3勝クラスのダート1200mハンデ戦）の⑮オルトグラフ（6番人気）に入れると、3着の複勝が410円。8000円購入したので、配当は3万2800円。たった3回、複勝が当たるだけで（しかも最初は1000円だ）これくらいの配当になるから、複勝ころがしもバカにできない。その他の馬券は丸外れだったが、これくらいの額を補填できれば、収支も楽になる。いやもちろん土曜の収支はマイナスなのだが、大けがしないで済んだのは、この複ころのおかげである。

ところが日曜はその複勝が全然当たらない。転がすためには最初に当たらなければならないのだが、3回不発で断念。その他の馬券も全然当たらず、これだけでもつらいのに、珍しく96点買いと最近では奮発したＷＩＮ5も1回日で外れ。まったくいいところがないのだ。さらに日曜はタブレットまで故障して、「ＪＲＡ－ＶＡＮ」での投票をオサムに教えてもらったが、わからないことが多く、じとじと暑いし、馬券は当たらないし、踏んだり蹴ったりだ。アキラのように一度競馬場を離れて冷静になったとしても、タブレットの故障は直らなかったと思うし、ＷＩＮ5はやっぱり最初から外れていただろう。しかしその他の馬券のほうはもしかしたら、もしかしたかもしれない。そう思いながら、帰途についたのである。この次、こういうことがあったら、絶対に競馬場の外に出掛けよう。そういうふうに一度冷静になることは結構重要なのである。わかったかお前、と自分に言い聞かすのである。

夏競馬の遊び方

日曜の朝、アキラからLINEが来た。「菅原と人気馬のワイド、買います。ほとんど不人気なので1回来ればモトは取れます」。この菅原馬券に深い意味はないようだ。「名前がアキラだから」と言うんだから質問したほうがバカみたいだ。「あと、札幌では乗れているような気もします。昨日も7番人気で頭で来ました」。ふーん。この日は小倉競馬場に出撃したオサムからは「きょうはキンカメ追悼馬券を買います。12頭います」とLINE。そういえばオサムは札幌でディープインパクト馬券を買っていた。3場で24～25頭の単勝馬券を買い、土曜はプラスになっていた。この日のキンカメ馬券はどうやら小倉だけのようだったが、1Rの小倉障害でいきなり3番人気の①フランドルが1着で、その単勝が410円。そのたびに「高田ありがとう！」とか「松若ありがとう！」（これは4R。2番人気の単勝が530円）とかLINEしてきた。アキラの菅原馬券が実ったのは、札幌8R。6番人気で3着したのだ。ここは手広く買ったらしく、9番人気①ブラックダンサーとのワイド2130円をゲット。どうやら二人ともに、この日のお遊び馬券の負けはなかったようだが、もちろんこれは遊び馬券だから、本線は別。そちらのほうはめぼしい収穫はなかったようである。しかし彼らのお遊び馬券の報告を読みながら思ったのだが、夏競馬はこれでいいのではないか、という気もする。夏競馬まで何もしゃかりきになって馬券を買うこともあるまい。力を抜いて、リラックスして、とにかく楽しむという姿勢でいいような気もするのだ。夏競馬もあと3週。そろそろ終わりが近づいているが、残り3週を目いっぱい楽しむために、私も来週からお遊びに徹したい。どういうお遊びにするかは考え中。

今週の不満は、日曜札幌8Rだ。3歳以上1勝クラスの芝1200m戦だが、10番人気⑨スリーケープマンボから馬連流しを買い、見事にこの馬が1着。2着に9番人気の①ブラックダンサーが飛び込んできたので胸キュン。10番人気と9番人気の馬連ですよ。これが何倍だったと思いますか。まあ、悪くても400〜500倍、うまくすれば800倍なんてこともあるかも、と期待していたら、その馬連がなんと135倍。なんなのこれ！　あとで調べてみたら16頭のうち、単勝100倍を超える馬は2頭のみで、残りの14頭の内訳は50倍前後が3頭、34倍が1頭、その次が22倍の⑨スリーケープマンボだった。ちなみに①ブラックダンサーの単勝は17倍。10番人気と9番人気とはいっても、このようにその中身を細かく見てみると納得せざるを得ない。この日、私が当てたのはこのレースだけだったが、実はこの札幌8R、アキラの菅原馬券が当たったレースでもある。ということは、私の軸馬⑨スリーケープマンボと、アキラの⑯ノーブルプルートのワイドを買えば、ただそれだけで3170円がヒットしていたことになる。その2頭を軸にして総流しをすれば、3万7200円の3連複も当たっていたし、⑨を1着に、⑯を3着に固定して、2着を総流しにすれば（これは現実性がないけれど、楽しい想像として許されたい）、たった14点で34万8580円の3連単もヒットしていた。このレースで⑨スリーケープマンボを軸に選んだ段階で、朝からアキラが「菅原馬券」のことをあれほど言っていたのだから、⑯ノーブルプルートに目をつけるのはごく自然であり、それを無視するほうがおかしい。新聞を見れば、菅原のところには印がいっぱい付いているのだから、目が行くのは当然だ。つまり、ワイド⑨⑯を1000円買うのは簡単だった。それだけで3万。いいじゃないかそれで。

今週の最後は、備忘録。絶対に忘れそうだから書いておくが、この日の新潟4R（3歳未勝利の芝2000m）に出走した⑥ココリアッピアだ。パドックで気配が素軽かったのでその複勝を1000円だけ買って見ていたのだが、直線を向いたときに進路が塞がり、外に出して上がり4位の脚で差してきたものの5着。あの不利がなければ3着はあったろう。そもそもスタートで隣の馬と接触したのか（そのように見えた）、最初から位置取りが悪くなったのも痛かった。4歳牝馬特別を勝ち、桜花賞で1番人気になったスカーレットリボンの血を引く牝馬で、父がルーラーシップ。まだ奥があると見た。競馬を始めたころはこういう馬をせっせとメモしていたが、歳とともに記憶力も減退しているので、問題は覚えていられるかということだ。そういえば、ワセダインブルーも今年の2月に出走したことをあとで知った。知っていれば絶対に買っていたし、そうすれば馬券も取っていたのになあ。ワセダインブルーはまた休養に入っているが、秋になったら出てくるだろうから、2戦目が勝負と決めている。ココリアッピアも秋になったら出ておいで。こちらは初戦で勝負だ。

小倉の共同馬券

今週は1年ぶりに小倉入り。木曜は台風10号が四国中国地方を直撃したので、山陽新幹線が新大阪～小倉間で1日運休。金曜に東京を出発する予定だったから、1日運休の翌日なんて大丈夫なんだろうかと心配したが、上りは混んでいたようだけど、下りの新幹線はすいていた。新横浜から乗ると小倉までは4時間半。ゆっくり座っていけるので、とても楽だ。土曜は、私とアキラとオサムの3人だったが、今回は共同馬券を実施。券種は3連単フォーメーション。1頭→3頭→6頭（このうち3頭は2着に置いた馬）で、15点というやつである。私が個人馬券のときに買う3連単フォーメーションだ。それを裏も買うので（ようするに、1着と2着が逆になったバージョン）、全部で30点。つまり3人でやるときの1人の負担は1000円である。3人いるから3レースやることにした。レースを選んだ人が、1列目、2列目、3列目の馬を1頭ずつ選び、残る2人は2列目と3列目の馬を各1頭選ぶ、というシステムだが，惜しかったのが小倉12R。3歳以上1勝クラスの芝

１２００ｍ戦だが、このレースを選んだオサムの指名３頭は、⑭ザイツィンガー（４番人気）、⑬メイショウナスカ（６番人気）、⑥エスト（１番人気）。これがオサムのＡＢＣである。ポイントは、１番人気の⑥エストを３着にしか置いてないこと。対して６番人気の⑬メイショウナスカには逆転の１着の目を残している。次の私の２頭は、⑯ドロウアカード（３番人気）と、⑱ホノルア（17番人気）。最後の⑱ホノルアはお遊びだ。18頭立てのレースで17番人気の馬（その単勝はなんと２８５倍！）なんて、遊びでなければとても拾えない。アキラの指名は、⑥エスト（１番人気）と①コパノマーティン（５番人気）。で、オサムの選んだ⑭ザイツィンガーが１着、アキラが選んだ⑥エストが３着、とここまではよかったのだが、２着に飛び込んだ⑰クーファディーヴァ（２番人気）を誰も指名していなかったので、外れ。４番人気→２番人気→１番人気という結果では、「こんな安いの、取れなくてもいいよ」と強がりを言っていたのだが、その結果は１万８８８０円。えっ、そんなにつくのかよ。３連複は、２３４０円だったが、３頭の中ではいちばんの人気薄が１着で、しかも１番人気馬が３着だったので、３連複の８倍になったわけである。「おいおい、おいしいじゃんこれ」「どうして誰もこの17番を押さえなかったんですかねえ」。反省しきりだが、レースの前には「こういう怪しい人気馬を買わない、というのがオレたちの見識だよな」とこのバカは言っていたのである。土曜の共同馬券が成功しなかったら、日曜はシステムを変更するというのも常套で、翌日は軸1頭、ヒモ4頭の3連単マルチにしてみた。レースを選ぶ人が軸馬1頭を指名、残りの2人がヒモ2頭ずつ指名して36点買いである。私が選んだのは札幌3R。軸は5番人気の⑤モントカイザー。私、午前中だというのにこの馬の複勝に1万を入れてしまった。それくらい自信があったのだが、直線伸びるも前を捕らえきれずに4着。これでやる気を失い、競馬場の外に昼飯を食べに出掛けてしまったので、共同馬券の2発目である小倉5Rの新馬戦をナマでは見ていない。競馬場に戻ってからJRA-VANで見たら、なんとこれが当たっていた。新聞にはそこそこ印のついた3頭の決着だが、土曜の例だってある。で、いくらだったの？　オサムに尋ねると、なんと、3820円。それ、3連複の配当？　えっ、3連単で3820円なの。なに、それ！　調べてみると、1番人気↓2着人気↓4番人気の決着であった。それでは仕方がない。ハイライトはこの日の小倉8R（3歳以上1勝クラスのダート1000m戦）。これはアキラの選んだレースだが、彼の指名は6番人気の⑧ノボリレーヴ。オサムの指名は①エルズリー（4番人気）と⑨ウェーブガイア（3番人気）。私の指名は、④ファビュラスギフト（1番人気）と⑬メイショウアワジ（8番人気）。これが当たっちゃうから競馬は面白い。1着は④ファビュラスギフト、2着は⑧ノボリレーヴ、3着は①エルズリーで、その3連単は1万8930円。たいした配当ではないけれど、当たると競馬は面白い。問題は、共同馬券で何度も叫び、

ＷＩＮ５で２度叫び（３発目でコケた）、いつもより叫んだ回数が多いので、なんだか馬券も当たったように錯覚してしまうが、そちらは全然ダメだったことだ。20数倍の３連複を１本仕留めただけで、土日で全治１ヵ月すれすれ。日曜はミー子がやってきて、久々に小倉競馬をともに楽しんだので、それはそれで充実した一日ではあったけれど、このままずるずると土俵を割ってしまいそうでとても心配である。このところ毎週、ＰＡＴ口座に金を振り込んでいるのだ。これがいつまで続くんだろう。そういうとき、日曜の共同馬券が成功した理由を考えるのである。必死に考えるのである。

3連単270点買いの行方

日曜の昼、府中駅近くまで行ったら、踊る人々であふれていた。なんなんだこれは？ 府中といえば「くらやみ祭り」が有名だが、あれは5月だ。いまは8月である。こんな真夏にお祭りがあるとは聞いてない。それが「よさこいｉｎ府中」というお祭りで、毎年夏に行われているという。この時期は夏競馬の時期でもあるので府中に来ることはめったになく、そのために知らなかった。調べてみると、「よさこい」は全国で行われていて、府中では2006年から始まっている。チームに分かれて踊って練り歩くもので、沿道には見物客も多く、大変な賑わいである。しかしこの炎天下であるから踊る人達も大変だ。たぶん汗びっしょりだろう。ふーん、こういうお祭りをやっていたんだ――と伊勢丹地下で昼飯を買い、競馬場に戻る。天神坂を下りていくと妙顕神社の横に出るが（ちょうど第4駐車場の裏手あたりである）、このあたりには木々が多く、行く夏を惜しむように蝉が鳴いている。まだまだ暑いけれど、秋の気配はすぐ近くまで来ているのだ。

　この日は、「ゲストルームでみんなでケイバ！　ビール飲み放題付きグループ観戦」で、府中場外に出撃。フジビュースタンド7階のゲストルームで、ビールを飲みながら馬券を買おうという企画で、2年前は6人、昨年は12人だったが、今年はなんと18人が参加。もっとも私が知っているのは半分の9人にすぎず、あとは友達とか近所の人とかを連れてきたケースが少なくない。夏競馬であるからもちろん東京競馬場で馬は走っていない。しかし、わいわいがやがやと賑やかに馬券を買うのは楽しいものだ。困るのは楽しいことと馬券の成績は一致しないことで、午前中まったく当たらず、仕方なく府中駅近くまで行くことにしたわけである。札幌で、アキラが競馬場の外に出掛け、それが功を奏して当たりまくったことを思い出したのだ。そうだ、私も外に行って頭を冷やそう。外は炎天下であるから冷えるどころか、より暑くなるのだが、まあそれは言葉のアヤだ。ゲストルームに戻ったときは、小倉6R（3歳未勝利の芝1200m戦）の締め切り直前で、⑭トウケイココノエ（7番人気）の単複を買ったのに深い理由はなかったが、なんとこの馬が勝っちゃったから、「昼に競馬場の外に出かけて流れを変える作戦」は大成功。その結果にみんなが大騒ぎしていたので、何だろうと思ったら、共同馬券が当たったという。毎年このゲストルームでは共同馬券を実施するのだが、今年のシステムの発案者がエラかった。画期的な方法を考えたのである。参加費を4500円ずつ徴収する。これで資金の合計が、

2回小倉10日　6R　3歳未勝利

着順	予想	枠番	馬番	馬名	性齢	斤量	騎手	タイム	着差	通過順	上り	人気	単勝オッズ	体重増減	厩舎
1	◎	❼	⑭	トウケイココノエ	牝3	54	藤懸貴	1.09.3		11 12 12	外34.5	⑦	25.7	532+4	栗東森田直
2	○	❸	⑥	ラハイナヌーン	牝3	54	北村友	1.09.5	1	3 4 5	中35.2	①	1.7	452+12	栗東山内研
3		❽	⑰	ブラボーフェスタ	騸3	56	岡田祥	1.09.6	¾	8 4 5	外35.3	⑬	123.2	452-8	栗東浅見秀
4		❻	⑫	ジョーカリン	牝3	51	斎藤新	1.09.6	首	1 1 1	中35.7	⑥	23.3	412+12	栗東中竹和
5		❽	⑱	スマッシングハーツ	牡3	56	酒井学	1.09.7	首	11 9 8	外35.1	⑤	15.4	488+4	栗東北出成
6	△	❻	⑪	プロポーズ	牝3	54	太宰啓	1.09.7	鼻	13 13 12	内34.7	⑨	46.6	434-6	栗東武　英
7	▲	❹	⑦	エイシントキシラズ	牡3	56	和田竜	1.09.8	¾	3 2 2	中35.6	④	10.2	518 0	栗東中尾秀
8	▲	❽	⑯	ロングファイナリー	騸3	56	長岡禎	1.09.8	鼻	13 13 14	外34.8	⑫	114.7	456+2	栗東高橋亮
9	△	❺	⑩	ステラバローズ	牝3	54	松若風	1.09.9	½	2 2 2	中35.8	②	4.8	452 0	栗東角田晃
10		❼	⑬	ゾロ	牡3	56	国分優	1.10.0	¾	15 15 15	外34.7	⑭	146.4	468-4	栗東坂口智
11		❸	⑤	ムギ	牝3	54	藤井勘	1.10.1	½	8 9 11	中35.5	⑪	69.1	422 0	栗東橋田満
12		❶	①	メイショウフェイト	牡3	56	川須栄	1.10.4	1¾	8 9 8	内35.8	⑯	275.8	466+2	栗東牧浦充
13	△	❹	⑧	クリーンガーベラ	牝3	51	亀田温	1.10.4	首	6 8 8	中35.9	⑧	44.6	460+4	栗東杉山晴
14		❷	③	ダイシンリカール	牡3	56	荻野極	1.10.5	首	17 17 17	中**34.3**	⑩	64.5	498+2	栗東庄野靖
15	△	❼	⑮	グレーフィンソニア	牝3	54	津村明	1.10.5	首	6 4 5	中36.2	③	9.6	464+4	栗東本田優
16		❷	④	サニーサインズ	牝3	54	田中健	1.10.5	鼻	3 4 2	内36.2	⑱	307.8	394+4	栗東松下武
17		❶	②	メイショウハヤナリ	牡3	56	小牧太	1.11.5	6	16 16 16	内35.9	⑮	159.6	468+4	栗東笹田和
18		❺	⑨	ガバナンスコード	牡3	53	服部寿	1.15.6	大	18 18 18	中38.0	⑯	275.8	506+6	栗東昆　貢

単⑭2570円　複⑭410円　⑥130円　⑰1740円　　ブリンカー＝②⑨
馬連⑥―⑭2070円⑦　　枠連❸―❼640円③
馬単⑭―⑥6760円⑳　３連複⑥⑭⑰31170円㊶
３連単⑭⑥⑰248970円540
ワイド⑥―⑭830円⑦　⑭―⑰11960円㊷　⑥―⑰2860円㉕

8万1000円。これで、1頭軸の相手10頭の3連単マルチを3回購入するというのである。1頭軸の相手10頭の3連単マルチは、270点である。そのあとのシステムも面白かった。18人が6人ずつのテーブルに分かれているので、どのレースを選ぶかは、それぞれのテーブルにまかせる。仮に、テーブルをABCとすると、A組6人が相談してレースを選び、軸馬を選び、相手10頭を選択する。その結果に他のB組C組は異論をはさまない。完全にA組にまかせるのである。その代わり、当たれば18人全員で分配する。これをB組C組と行うのでチャンスは3回。で、いきなりA組の共同馬券が当たってしまったのである。1着が⑭トウケイココノエ（7番人気）で、2着が⑥ラハイナヌーン（1番人気）。ここまでならどうということもなかったが、3着の⑰ブラボーフェスタが13番人気であったので、その3連単の配当が、24万8970円。18人で割ると、一人あたりの配当が、1万3820円。出資したのが4500円であるから、もう共同馬券のプラスが確定してしまった。チャンスはまだ2回も残されているからこれは楽しみと思ったが、そう甘いことはなく、あとの二つは外れ。

A組の共同馬券が当たったことはもちろん嬉しいが、その小倉6Rで私の買った単複馬券が当たったことがまず喜ばしい。⑭トウケイココノエの単勝は2570円、複勝が410円。もう少し時間があれば、⑥ラハイナヌーンとの馬連（2070円）も買っていただろう。もう一つヒットしたのが小倉最終（3歳以上2勝クラスのダート1000m戦）。6番人気の⑧ミスズマンボから3連複を買ったのである。それが中団からインをついて伸びてきたから胸キュン。そのとき私、馬連を買ったと勘違いしていたので、⑤コウエイアンカとの直線の2着争いに、思わず叫んでしまった。私が買ったのは3連複なので、そんなに叫ぶことはなかった。その3連複が1万7460円。共同馬券の配当もあったので、久々のチャラ。勝ったわけではないが、PAT残高が減らないのは実に久々である。しみじみと嬉しい。しかし、「昼に競馬場の外に出かけて流れを変える作戦」は競馬場に行かなければ繰り出せない秘技であるから、来週からの参考にはならない。どうしたらいいの？

ヒモ10頭の3連複作戦

小倉の共同馬券、府中場外のグループ馬券、この二つの共同馬券について、もう少し考えたい。小倉の共同馬券は、3人でやったものだが、レースを選んだ人が軸馬を選び、他の2人がヒモ馬を2頭ずつ選んで、3連単マルチを買うというものだった。

土曜は3連単フォーメーションにして実らなかったので、日曜はマルチにしたわけだが、これがヒット。つまり小倉の教訓は、簡単だ。競馬の知識を持ち、鋭い分析ができる人なら、着順を固定する3連単フォーメーションでもいいのだろうが、私たちのような素人には難しいということだ。そういう人にはマルチがいちばんということである。

問題は、府中場外のグループ馬券のほうだ。こちらが、目からウロコだった。レースは、2回小倉10日目の6Rである。3歳未勝利の芝1200m戦だが、勝ったのが7番人気の⑭トウケイココノエ、2着が1番人気の⑥ラハイナヌーン、3着が13番人気の⑰ブラボーフェスタ。それで3連単の配当が24万8970円。約25万である。この馬券を、⑭トウケイココノエを軸にして、相手10頭の3連単マルチ270点で仕留めたのだが、軸馬を7番人気の⑭トウケイココノエにするのは、それほど難しいことではない。現に私は、この馬の単複を仕留めている。

ポイントは、13番人気の⑰ブラボーフェスタをヒモに拾ったことだ。これがすごい、と最初は感心したのだが、よく考えてみると、「拾ったのではない」ことに気がついた。18頭立てのレースで、軸1頭、ヒモ10頭ということは、全部で11頭を選ぶわけだから、逆に言えば、7頭を切るということである。つまり、13番人気の⑰ブラボーフェスタをヒモに拾ったのではなく、「切らなかった」のだ。同じ意味に思えるかもしれないが、実際にはかなり異なる。たとえば、あとでこのレースで7頭切るならどの馬だろうと考えてみた。14番人気から18番人気までの5頭は簡単に切れる。残る候補は、③ダイシンリカール（10番人気）、⑤ムギ（11番人気）、⑯ロングファイナリー（12番人気）、⑰ブラボーフェスタ（13番人気）の4頭だ。ここから2頭を切るのだが、競馬新聞をまだお持ちの方はこの4頭の馬柱をじっくりご覧ください。

私の結論は、⑤は残して⑯は切る、とここまでは簡単だった。最後は10番人気の③ダイシンリカールか、13番人気の⑰ブラボーフェスタか、切るのはどっちだということだが、この最後の段階で間違うことはあるにしても、正解にたどりつくのもそう難しいことではないとわかる。つまり、府中場外のグループ馬券の教訓は、ヒモを思い切りひろげれば、穴馬券にかぎりなく接近できる、ということである。1頭軸のヒモ10頭の3連単マルチは270点買いであり、それを個人で買うのは困難だが、それでは3連複にするのはどうか。1頭軸のヒモ10頭の3連複は45点である。これでもまだ点数が多すぎるきらいがないではないが、270点よりは現実的だろう。

せっかく軸馬は来たのに相手が抜けた、という嘆きとはもうおさらばだ。よおし、これだぜと思っていたら、土曜の朝、アキラからメールが入った。新潟3Rに、ココリアッピアが出ているというのだ。この馬は4番人気の前走で、直線を向いたところで「スムーズさを欠いて」コンマ7秒差の5着。まともなら3着はあったろう。次に出てきたら買いたい、でも忘れてしまうだろうなあと当欄に書いた馬である。それをアキラが教えてくれたのである。この日は仕事場に行って仕事をする予定だったが、そんなことを聞いたら黙っていられない。急いで新聞を見ると、なんだか前走よりも相手が強くなっているような気がしないでもない。今年からスーパー未勝利がなくなったので、今週が最後の未勝利戦。だから、これまで運とチャンスに恵まれなかった馬たちがどっと出てきた。ココリアッピアの次走は秋の中山だろうと前回は書いてしまったが、ここを勝たないともう出られないのだ。そうか、これが最後のチャンスか。よおし、ここで「ヒモ10頭の3連複作戦」を出動させよう。今回は8番人気と人気を落としているので、これはおいしい。3連複だけでは物足りないと、この馬の単複と馬連まで買ってしまった。⑫ココリアッピアは何の不利もなかったが6着。やっぱり相手が強い。

「ヒモ10頭の3連複作戦」は翌日曜にも実施してみた。それが新潟記念の⑮ブラックスピネル（11番人気）。単騎逃げ確実のこの馬の人気がないのは外回りで直線が長いからだろう。いやあ、惜しかった。最後の最後に差されて4着に落ちてしまったが、あのまま3着に残れば、3連複は480倍。いいじゃんそれで。しかしこのレースの教訓は、超人気薄を軸にするときは、ヒモを10頭まで広げなくてもいい、ということだ。そしていちばん重要なことは、ヒモ馬をいくら広げても軸馬が来なければ、馬券は絶対に当たらない、ということだ。いちばん大事なそのことを忘れてた！

もう私、破産寸前である！

京成杯オータムHが終わってすぐ、アキラからＬＩＮＥが入った。「ジャンダルムが来ましたね」。おいおい、と私が驚いたのは、アキラはいまアムステルダムにいるからだ。出張中なのである。アムステルダムでもレースが見られるのか。あちらは朝だったらしいが、それにしても反応が早い。「それにしても、すごい時計ですね」。逃げた⑩トロワゼトワルの勝ちタイムは、1分30秒3。それまでのレコードをコンマ4秒塗り替えてしまった。全然前が止まらないのだ。アキラがジャンダルムの話を振ったのは、前日の夜に「どうしてこの馬が1番人気なんだよお」と我々のＬＩＮＥで話題になっていたからだ。しかもその時点で売れていたのは単勝のみで、馬連も3連複も売れていない。1番人気なのに、馬連も3連複も上位20点に、②ジャンダルム絡みの馬券は入っていないのである。なんだか怪しいよなあとＬＩＮＥが飛び交った。その単勝人気は、日曜の朝に5番人気、昼に8番人気、そして最終的に10番人気にまで下がっていたが、最後の直線でインをするすると伸びて、

2着の⑪ディメンシオンとクビ差の3着だから大健闘である。前夜の1番人気が気になっていたのでヒモの1頭には加えていたのだが、軸馬が来ないのでは話にならない。どうしたんだ、クリノガウディー。

ヒモを10頭まで広げても、軸馬が来なければ馬券は絶対に当たらない。ヒモ10頭作戦は風前の灯火《ともしび》である。たぶん、あと1～2週で撤退するだろう。それにしても全然当たらない。これまでにも絶不調の時期は数々あったけれど、今回はあまりに長すぎる。今週から秋競馬が始まったが、夏競馬はずっと負け続けて、最近は収支をつけるノートを見るのが怖い。ときどきチャラというのがあるから、余計に始末が悪い。ずっとボウズが続くなら、抜本的な解決を急がざるを得ないが、ボウズ↓ボウズ↓ボウズ↓チャラ↓ボウズ↓ボウズ↓ボウズ↓ボウズ↓チャラ、といった具合に、音をあげそうになると絶妙に「チャラ」という週がはさまれるのだ。だから、まだいいか、と思ってしまう。よくないのだ。たとえば日曜中山の3R。2歳の新馬戦（ダート1800m）だが、パドックの気配がちょっと気になった⑧ヴァンダーファルケ（6番人気）の複勝を1000円だけ買ってみた。本当は午後まで馬券を買いたくないのだが、朝からずっとテレビを見ていると、むずむずしてくる。遊びで複勝ぐらい買ってもいいのではないか。中山1R（2歳未勝利のダート1200m戦）で、買うなら⑤アポロセイランから②プレジールドビブルへの馬単1点だよな、と思って見ていると本当にその通りに決まって、馬単の配当が１３１０円。１０００円買っていれば、1万３１００円である。実に簡単だ。その３Ｒも、複勝を買うなら7番人気⑬ベストランナーだな、と思ってパドックを見ていたのだが、⑧ヴァンダーファルケの気配の良さに狙いを変更。こっちか。馬券を買わない午前中でもこのように、買うならこれだな、とテレビの前でエア馬券ゲームをよく一人でしているのだが、このときは我慢できずに本当に１０００円を投入。その⑧ヴァンダーファルケ、最後の直線で前をふさがれ、行き場をなくして立て直したのが痛かった。もう一度、態勢を整えて差したものの、コンマ２秒差の4着。あれがなければ絶対に3着は堅かっただろう。2着になった7番人気⑬ベストランナーの複勝が５４０円だったから（こっちにすればよかった）、もしも⑧ヴァンダーファルケが3着だったら４５０円くらいはついたのではないか。これ一つ取ったところで、メインの京成杯ＡＨで軸馬が来たわけではないから、結局負ける一日だったろうが、ここで流れが変われば他のレースを当てて、マイナスがぐっと減っていたかもしれない。午前中の複勝が当たらない日はホントにだめだ。

レース数を絞っているのに、勝負レースに1万〜2万と入れるから、終わってみると土日で全治1ヵ月。この夏は何度、ＡＴＭに足を運んだことか。また今週も行かなければならない。もうつらいので、降参する。レース数を絞るだけではダメなので、レートを革命的に下げる。もう１００円馬券しか買わない。しかも1レース5点。つまり1レースの予算は５００円だ。ずっと以前から「理想は１００円馬券師だ」と機会あるたびに書いてきたが、とうとうその時が来た！　そんなの絶対にできるわけがない、と競馬仲間は言うけれど、追い詰められると人間は変貌するのだ。もうできるとかできないとか、そういう段階ではない。このまま行くと、ホントに私、年内で破産する。来年以降も競馬をやっていくためには（競馬がなくなれば、人生に楽しいことなど一つもない！）、革命的なことが必要なのである。１レース５００円なら、20レース買っても総額は1万円。面白そうではないか。レース数を絞らず、逆に増やすという発想だ。さあ、どこからでも来い！

100万年ぶりにプラスだったのに

土曜の午後3時に、アキラからLINEが入った。「時差ボケでさっき起きたので中山メインだけ買います。本線は2番、丸山です!」。北欧に出張に行っていたアキラはその日、帰国したばかりなのである。そんな日は競馬も休めばいいのに。私は、馬券を買うつもりもなかったので、仕事場に新聞を持ってきていない。すると「あと4番も」とアキラから追加。2番と4番の馬の名前も人気も知らなかったが、そこまで言うならとその2頭のワイドを1000円だけ買ってみた。すると、しばらくしてから「中山メイン3連単が当たりました。安いですが。2番が差せればなあ」とまたLINE。アキラの3連単が当たったからといって、私のワイド②④が当たったとは言えないが、念のために調べてみると、勝ったのは1番人気の⑪ブレスティキングで、2着が②ギャラッド(7番人気)、3着が④ヴァンケドミンゴ(3番人気)。おお、ワイド②④が当たっている。3連単は1万9130円で、ワイド②④は2210円。遊びで買ったワイドが当たるとは、めずらしいことがあるもの

4回阪神4日　12R　3差上1勝クラス

着順	予想	枠番	馬番	馬名	性齢	斤量	騎手	タイム	着差	通過順	上り	人気	単勝オッズ	体重増減	厩舎
1	△	❼	⑭	エクレアスピード	牡3	55	武　豊	1.08.3		6 6	中33.9	③	5.9	470−	2棘石橋守
2		❹	⑧	メイショウラバンド	牝8	55	岩崎翼	1.08.3	頭	7 7	中33.6	⑩	35.4	476+	4棘石橋守
3	○	❺	⑨	ジョニーズララバイ	牡3	55	川田将	1.08.3	鼻	4 3	中34.1	①	2.2	452−	6棘音無秀
4		❸	⑥	アテンフラワー	牝4	55	高倉稜	1.08.3	首	3 3	内34.2	⑫	53.0	472	0棘牧浦充
5		❽	⑮	クーファディーヴァ	牝5	55	秋山真	1.08.5	1	9 7	外33.8	⑤	10.9	472−	6棘武　幸
6	△	❹	⑦	メイショウナスカ	牝4	55	太宰啓	1.08.6	3/4	11 10	中33.7	⑧	26.5	482−	2棘高橋亮
7		❻	⑫	スキップ	牡3	55	吉田隼	1.08.7	首	9 10	外33.8	⑪	52.7	462−	6棘加用正
8	▲	❼	⑬	ブルベアオーロ	牡3	55	松山弘	1.08.8	3/4	12 12	中33.7	④	10.6	456−	2棘川村禎
9	◎	❷	④	モハンマディ	牝4	55	藤岡康	1.08.8	首	4 5	中34.5	⑥	19.3	412	0棘友道康
10		❻	⑪	ナディア	牝4	55	戸崎圭	1.08.9	首	14 13	中33.6	⑮	78.4	418+	4棘笹田和
11	△	❶	②	ロードスパイダー	牡3	55	和田竜	1.08.9	鼻	1 1	内35.1	②	5.6	460+	2棘安田翔
12		❷	③	ロードワンダー	騸3	55	中井裕	1.08.9	首	7 7	中34.3	⑬	60.5	426+	6棘庄野靖
13	△	❽	⑯	メイショウコミチ	牝3	53	藤岡佑	1.09.0	首	15 15	外33.4	⑦	24.4	438−12	棘本田優
14	▲	❺	⑩	ディーズファンシー	牝3	50	団野大	1.09.7	4	2 2	中35.8	⑨	32.3	396−	4棘岡田稲
15		❸	⑤	アントーニオ	騸4	56	川又賢	1.09.9	1 1/4	16 16	中34.0	⑯	93.8	428+	2棘吉村圭
16		❶	①	トウケイココノエ	牝3	53	藤懸貴	1.11.2	8	12 13	内36.0	⑭	70.3	536+	4棘森田直

単⑭590円　複⑭200円　⑧740円　⑨130円　ブリンカー＝②
馬連⑧—⑭14840円㊴　枠連❹—❼2460円⑧
馬単⑭—⑧18960円51　３連複⑧⑨⑭9710円㉗
３連単⑭⑧⑨107060円290
ワイド⑧—⑭3920円㊶　⑨—⑭400円①　⑧—⑨1500円⑮

だ。今週から100円馬券師になる決意を固めていたのに、このワイド馬券的中で、その計画が全部吹っ飛んだ。いいんじゃないまだそこまでしなくても。

翌日の日曜は阪神メインのローズSで、安い3連単（1万7000円）を当てたものの、この日は朝から馬券を買っていたので、そのくらいではプラスにならず、「やっぱり100円馬券師の道を選べばよかったか」と後悔しかけたときに阪神最終がヒット。⑨ジョニーズララバイ（1番人気）と、⑭エクレアスピード（3番人気）を2頭軸にして3連単マルチを買ったのだが（上位人気2頭を軸にしているので、ヒモは人気薄ばかり4頭。つまり全部で24点）、1着が⑭エクレアスピードで、⑨ジョニーズララバイと10番人気⑧メイショウラバンドの2着争いを、人気薄の⑧がハナ差制したので、3連単が10万7060円。こんな馬券が当たるなんて久々だ。もしも2着が1番人気の⑨であったら、その配当は４４７倍と半分以下に落ちていたから、大きなハナ差であった。「１００万年ぶりにプラスだ！」とＬＩＮＥに書き込んだら、「年間で？」とアキラ。そんなわけないだろ、土日ともプラスになったのが１００万年ぶりなのだ。「明日も競馬があるから楽しみですね」とオサムも書き込んできたが、そうか、今週は月曜が祝日なので３日間開催なのである。でも私、月曜は仕事だから競馬はお休み。だから今週はもうプラスが確定である。楽しいなあ競馬。

と思っていたのに、月曜になるとまたまたアキラとオサムがばんばんＬＩＮＥを入れてくるのだ。「今日は中山1Rと3Rと8Rを買って終了です！」とアキラ。「ぼくは中山メインだけ買います！」とオサム。で、ああでもないこうでもないと、二人がばしばしＬＩＮＥに書き込んでくるから、それを読んでいるうちに、だんだん馬券を買いたくなってしまった。いつものように土日ともに負けていたら絶対に月曜の祝日競馬は休んだと思うが、土日ともにプラス（土曜のプラスは小さいが）なのだ。こんなときに休んでいいのか、いまのうちに攻めるべきではないか、と誰かが耳元で囁くのである。とうとう我慢できずに駅前まで新聞を買いに行ってしまった。それにこの日の中山メイン、セントライト記念は買いたいレースではある。

その月曜は朝からずっと不発が続いたものの、中山10Rで「流れが変わるかも」ということがあった。というのは、パドックで気になった③ガンケン（6番人気）の複勝を3000円買ったのである。ここで当たったら、メインと最終に転がせば、うまくいけば数万円くらいにはなりそうだ。すると、スタートをあおって最後方。おいおい。その中山10Rエルコンドルパサー C（3歳以上2勝クラス）は、ダート1200m戦なのである。こんな短距離戦で出遅れではもうダメだ。直線の攻防を映すテレビの画面にはもちろん映らない。ところが最後の最後に、黒い帽子の馬が突然画面を横切ったのである！　なに、いまの？　えっ、あれが③ガンケンなの？　なんと直線一気に差して3着とは驚いた。その複勝は360円とたいしたことはないが、当てたということが大切なのである。流れが変わるのは、こういうことがきっかけになることが少なくない。これでこの日の流れが変わるかと思ったら、そんなことはいっさいなく、その後は一つも当たらずボウズ。メインのセントライト記念は予想している間はとっても楽しかったものの、レースは予想が丸外れ。競馬はホント、難しい。駅前まで坂道を下りていく途中で時間が止まってほしかった。結局、土日の浮きを全部吐き出して終了。マイナスにならずチャラで終わったのだけが救いだが、やっぱり100円馬券師の道を進むべきなのか、心は千々に乱れるのである。

ボウズでも面白かった日

それにしても驚いた。トシキの今年の成績を聞いたのである。すると「今年は不調だなあ」と言う。特に、この1ヵ月が絶不調で、ずいぶん的中率と回収率を下げてしまったという。具体的に聞いてみると、トシキの今年の、つまり1月〜9月の購入レース数は1810レース。1週50レース買っている計算になる。それで的中率が42％。なんと、半分弱のレースを当てているというからびっくり。それで不調なのかよ。一時期は、的中率が50％を超えていたというから想像を絶する。「きのうも9本しか当ててないもの。不調なんだよ」とはトシキの弁。大事なのは的中率ではなく回収率だと言われるかもしれないが、こちらも大健闘もので、85％。半分を当てて、そんなに損をしなければ競馬が面白いだろう。対して私の1月〜9月の購入レース数は、クラブPATの個人成績欄を見ると、873。トシキの半分以下である。1週は約24レースだ。的中率は意外によくて13％。もっともこれは数字のトリックというやつで、回収率が73％だから、大負けである。この20年の的中率の平均は10%であるから、例年通りに1年が終わるなら、これからもう少し的中率が下がるということになる。つまりもっと負けるということだ。ホントに勘弁してほしい。ところで、クラブPATの成績欄を見てショックだったのは、今年の負けの金額だ。実は、ノートに毎週、購入レース数、購入金額、回収金額を書き込んでいるのだが、その結果と一致しなければいけないのに、金額が異なるのである。クラブPATの個人成績欄に記載されている負けの金額は、すでに大台を超えているのだ！　いくらなんでも、まだ大台には届いていないと思っていたのに、違うんである。なんで、違うの！　さらに、これは純粋に負けの金額であり、これ以外に、交通費や旅打ちの際の宿泊費などがあるから、競馬全体の負債は大変な額になる。いやはや何とも。

今週は、トシキ、アキラと久々に中山競馬場に出撃したが、ちなみにアキラの的中率は5%。それでは大変だろと同情するのは早すぎる。マイナスは金額にして9万円なのだ。9ヵ月で9万なら、月に1万の負けであるから、安い娯楽と言っていい。つまり私がいちばん大変なのである。

しかししかし、いちばん困っているのは、これだけ負けているのに、競馬がすごく面白いことだ。実はこの日、私とアキラはボウズだった。1本も当たらないのだ。それなのに、今日はたっぷりと競馬したなあという充実感がある。こんなに負けているのに競馬が面白いのは、私の性格がネジ曲がっているからではない。アキラに尋ねると、ぼくも面白かったです、と証言していたから、私だけではないのだ。その理由は簡単だ。私とアキラはこの日、何度も叫んだのである。「差せ差せ差せ」だの、「そのままそのまま」だの、結果的には「だめかあ」という連続ではあったけれど、叫ぶ機会が多いと面白いのだ。終わったあとに、きょうの成績をトシキに聞くと「やっぱり不調だなあ。8本しか当たらなかった」。この日は2場開催だから、全部で24レース。いつもなら半分弱を当てるトシキであるから3分の1の8本はたしかに少ない。収支もマイナスだったという。びっくりしたのは「2場は暇だなあ」と途中から指定席で本を読み始めたこと。このおやじは指数派で、前日検討をみっちりしてくると、パドックもオッズも見ないので基本的に当日は何もすることがないのだ。

もう一つのご報告は、競馬場に行くと「100円馬券師への道」は困難であるということだ。競馬場から遠く離れた自宅にいるときなら、100円の馬連5点買い（これが私の目標である）をできるかもしれないが、目の前を馬が走ってるのですよ。臨場感が半端ないのだ。この環境に置かれて、なおかつ「100円馬券師」であり続けるのは至難の業と言っていい。最初は、私だってバカじゃないんだし、100円で買おうと思っても、オッズ投票していると、そこにオッズが表示されているから、これを100円ではつまんないという気がしてくる。これ全部３００円でもいいんじゃないか。３連複を買ってもいいんじゃないかと、どんどん金額が増えていくのだ。それでも、以前のようなバカな買い方はしなくなったのだけが救い。１日３レースしか買わないと決めると、10レースくらいにおさまる、というのとこれは同じである。

最終レースが終わってから荷物をかばんにしまう前に、念のためにこの日の投票履歴をチェックすると、１ヵ所だけ星印が付いている。おお、何かが当たっているのか！　急いで開けてみると、阪神のメイン神戸新聞杯の３連複が当たっていた。サートゥルナーリア、ヴェロックス、ワールドプレミアという1〜3番人気の決着で、３連複の配当は３２０円。なんでこんな馬券を買ったんだろう。恥ずかしいのでトシキやアキラに言えず、そっとタブレットを閉じてかばんにしまったのである。

100円馬券師への長い道

神戸新聞杯の3連複320円を当てた、という話は先週書いたけれど、その購入単位を書くのを忘れていた。なんと100円である。私、5倍以下の馬券をこの20年、買ったことがない（複勝はもちろん除く）。しかも1000円でもなく、100円なのだ。これは何かの間違いだろう。いや、もしかすると、お前は100円馬券師になりなさい、という神様のお告げなのかもしれない。それがなかなかできないのは、長年の習慣というものだ。購入単位を100円にするだけではなく、1レース5点買い（だから合計で500円）にするのは、とてつもなく難しい。そういう買い方をしたことが一度もないから、突然そんなことを言われても体がついていかないのである。競馬場に行ったら絶対に無理だ。府中の開幕週は東京競馬場に出撃する予定なので、これは無理だろう。とすると、今週は自宅でPATなので、試してみるのはいいかも。神様のお告げを信じてみよう。

というわけで、4回阪神9日目の1R。2歳未勝利のダート1400m戦だが、前日予

4回阪神9日　1R　2歳未勝利

着順	予想	枠番	馬番	馬名	性齢	斤量	騎手	タイム	着差	通過順	上り	人気	単勝オッズ	体重増減	厩舎
1	△	❻	⑪	タガノキトピロ	牡2	54	川島信	1.26.1		4 3 1	中37.5	⑦	15.0	460+	2棘加用正
2	△	❼	⑭	ナオミラフィネ	牝2	51	斎藤新	1.26.2	½	4 5 4	中**37.3**	①	2.9	446	0棘安田隆
3	▲	❸	⑥	ダイシンイナリ	牡2	54	国分優	1.26.9	4	1 1 2	内38.5	④	8.9	500+	2棘吉田直
4	◎	❸	⑤	シゲルガリレオ	牡2	54	小牧太	1.27.2	2	⑥ 6 5	中38.2	③	5.8	450	0棘服部利
5	○	❺	⑩	アルタグラシア	牝2	54	和田竜	1.27.5	1¾	10 11 9	中38.1	②	5.6	456−	6棘平田修
6		❹	⑦	ゴーゴーレイワ	牝2	51	団野大	1.27.6	¾	3 4 5	内38.8	⑨	26.1	458−	2棘西浦勝
7		❻	⑫	マルカブレーブ	牡2	51	岩田望	1.27.8	1¼	6 8 7	中38.6	⑩	52.2	458+	6棘松永昌
8		❷	③	ワイルドキャット	牝2	54	城戸義	1.28.0	1	10 12 13	内38.4	⑮	284.5	430−	4棘西橋豊
9	△	❽	⑮	アマノエリザベート	牝2	54	国分恭	1.28.0	鼻	10 9 9	外38.6	⑤	11.5	468+	6棘中竹和
10		❶	②	アーサードライブ	牡2	54	吉田隼	1.28.0	頭	14 12 13	中38.3	⑫	76.1	472+	6棘鈴木孝
11		❼	⑬	マーキュリーセブン	牡2	54	藤懸貴	1.28.0	首	14 12 12	外38.4	⑯	331.8	440	0棘高橋忠
12	△	❷	④	クリノヤタガラス	牡2	53	森　裕	1.28.1	首	6 9 9	内38.8	⑥	12.5	472−	4棘谷　潔
13	△	❶	①	メイショウアカイシ	牝2	54	北村友	1.28.1	首	⑬ 12 13	中38.4	⑧	20.0	430−	2棘高橋亮
14		❺	⑨	セイヴァンキッシュ	牡2	54	古川吉	1.28.5	2½	⑯ 16 16	内38.5	⑪	60.6	492+12	棘山内研
15		❽	⑯	キタノストロング	牡2	54	川須栄	1.28.5	首	9 6 7	外39.3	⑭	165.2	448+	2棘中尾秀
16		❹	⑧	チュウアイ	牡2	54	岩崎翼	1.28.7	1	2 2 2	中40.2	⑬	82.8	444−	4棘西橋豊

単⑪1500円　複⑪310円　⑭120円　⑥200円　　ブリンカー＝⑦
馬連⑪—⑭1880円⑤　　枠連❻—❼1880円⑧
馬単⑪—⑭4960円⑱　　３連複⑥⑪⑭3430円⑨
３連単⑪⑭⑥28980円⑳
ワイド⑪—⑭680円⑤　⑥—⑪1180円⑯　⑥—⑭370円②

想の本命は⑪タガノキトピロ（7番人気）、対抗が⑥ダイシンイナリ（4番人気）、▲が⑭ナオミラフィネ（1番人気）。いつもなら本命の単複を各1000円、⑪タガノキトピロを軸にして、⑥ダイシンイナリと⑭ナオミラフィネに馬連を各1000円。最後に、⑪を軸に、⑥と⑭の他に、⑩アルタグラシア（2番人気）の3頭に3連複を各500円。これで合計が5500円。ここまでは間違いなく買っただろう。ええいっと3連単も買ったかもしれない。この場合は、⑪を1着、⑥⑩⑭を2着に置く、いつものフォーメーションで（3着欄にはその3頭プラス3頭）、裏も買えば合計30点。つまり、全部で8500円の投資である。すべてのレースでこういう買い方をしているわけではない。この日の阪神2Rは少頭数レースなのでケン。阪神3Rは新馬戦なのでケン。こういう日は、ではその分まで1Rに入れてもいいのではないかと考えるのである。そういうタチなんである。で、このまま買っていると、1着が⑪、2着が⑭、3着が⑥、という完璧的中。単勝1500円、複勝310円、馬連1880円、3連複3430円、3連単2万8980円。すべてたいした配当ではないが、全部まとまると合計が8万3030円。いいじゃんこれで。こんな完璧予想をするなんて年に一度あるかないか。それがいきなり阪神1Rで炸裂したのである。

それを「100円馬券師」になったから、儲け損なった話なのか、と思うでしょ。8500円の投資をやめて全部で500円しかいれなかったから、おお、損したぜ、という話だと思うでしょ。違うのである。事実は小説よりも奇なり、なのだ。日曜の朝、パドック中継で⑥ダイシンイナリがよく見えたということもあるが、⑪タガノキトピロに突然自信をなくしてしまったのである。こんな7番人気の馬なんて本当に来るんだろうか。8500円投資する予定のときは全然気にならなかったのだが（穴党の思考とはそういうものである）、軸馬から100円流しをしようとすると、金をドブに捨てるような気がしてきたのだ。なぜ8500円は惜しくないのに、500円は惜しいのか、まったくその心理はわからない。で、もともと対抗だったこともあり、パドックで気配も目立っていたし、⑪よりも人気があるので何となく安心できるし、本命を⑥ダイシンイナリに変えてしまったのである。つまり、馬連100円の5点流し、という新ルールは厳守したのだ。ただし、軸を変更したために、しかもその軸馬が3着だったために1円にもならなかった、というわけだ。たとえ軸馬を変えずに馬連100円の5点流しをしていても、的中していたのは1880円であるから、たいしたことではない。それはわかっている。しかし、馬券が当たれば楽しい。金額的にはもっと儲かる方法はあったけれど、それは言うまい。こうやって地道にいくことを私は選択したのだ。とかなんとか、自分に必死で言い聞かせていただろう。ところが、馬券が外れて1円にもならないと、この阪神1Rで私が実際に損した金額は、たったの500円にすぎないのに、幻の8万円が頭にあるので（あのまま買ったらいくらになっただろうと計算するなって言うのに）、えらく損したような気がする。100円馬券師なんて道を選ぶからこんな目にあうのだコノヤロ。もうやっていられない。続く中山1Rで、前日予想の本命である⑬スペラメント（5番人気）にどかんどかんと入れてしまったのは、その反動だろう。ここも馬連100円の5点流しに徹すればいいのに（そうすれば、500円のマイナスで済んでいた！）、単複1000円をはじめ、馬連に3連複など、いやあ、誰かが止めてほしかった。その⑬スペラメント、スタートをあおって最後方。直線で差を詰めただけの8着。長く、つまらない一日がこうして始まった。

反省するのは来週からでいい

最終レースが終わり、指定席エリアから下の階に降りると、東京最終レースの結果がモニターに映っていたので立ち止まった。まず3連単の配当を見る。31万2060円。ふーん、荒れたんだ。たったいま終わったばかりのレースなのに、自分の馬券と全然関係がないので、そのときに初めて知った。荒れたということは、人気薄の馬が来たということだ。というわけで、単勝と複勝を見る。勝ったのは6番で、その単勝は550円。1着は上位人気馬か。じゃあ、2着か3着に人気薄が来たということか。そこで複勝の欄に視線を移すと、2着の12番の複勝は490円。そこそこの人気薄である。しかしこの程度では31万までは跳ねないだろう。案の定、3着の8番の複勝は1360円。こいつか、荒れた要因は。馬連が7380円、3連複が6万4450円。すごいなあ。ぼおーっとモニターを見上げていたら、「このレース、取ったよ」とトシキが言う。えっ、取ったの？　あわてて再度、モニターを見上げた。31万の3連単を取ったなら指定席で盛り上がっただろうから、これではないだろう。じゃあ、何だ？　３連複だって６万超えだから素晴らしい。そうか、ワイドって手もあるか。急いでワイド欄を見ると、２３６０円、４１３０円、７６００円と、結構いい配当が並んでいる。ワイドでもいいよなあ。いったい、何を取ったの？　まったく予想外の返事だった。「あのね、枠連」。えっ、枠連？　何度もモニターを見上げていながら、枠連の欄は一度も見ていなかった。枠連の配当は９７０円。途端に、心が和んでくる。まったく自由奔放、神出鬼没のおやじである。

この日は、トシキにアキラと東京競馬場に出撃したのだが、トシキは「最近不調なんだよ」と言いながら、12本を的中。この週から３場開催になったので、全レースを買うトシキにとっては３分の１の的中だ。的中率が５割近いアベレージを誇るトシキにしてみれば、たしかに不調なのかもしれないが、この日ボウズで終わった私とアキラからしてみれば、競馬の神様に見える。なんでそんなに当たるの？　惜しいレースがなかったわけではない。それが東京10Ｒグリーンチャンネル C。３歳以上オープンのダート１４００ｍ戦だが、私の本命は10番人気の⑧ベストマッチョ。６ヵ月半の休養明けの６歳馬だが、休み明けは〔２０１１〕。当該コースが〔４１０４〕。休養前の一戦は中山の１２００戦でボロ負けしているが、得意の東京に替わるのである。２走前の東京戦では差のない４着に好走している。ここで買わなかったらいつ買うのだ、という穴馬だ。穴馬が本当に来るかどうかは別の話だが。競馬場に来たら100円馬券師なんて言っていられないよな、と朝から飛ばしたのでいつものように負けがかさんでいたが、なあに、反省するのは来週からでいい。ボウズはいやだから置きにいこうかなと隣でアキラがぶつぶつ言っていたが、実は私、8Rから置きにいっていたのである。ボウズの考えることは同じなのである。しかし8R、9Rと置きにいっても馬券は外れ。この10Rのときは半ばヤケになっていた。10番人気の馬なんて来ないよな、と思いながら、ピッポッパッとタブレットを打ち込む手を止められない。その10番人気馬が、ぽんと飛び出して3番手で進むから胸きゅん。よおし、そのまだ。胸の中で呟く。なんだか早いような気がしないでもないが、なあに気のせいだ。3番手のまま4コーナーを回り、直線を向くと鞍上の手が動いて追い出しにかかる。よおし、来い北村。外から4番人気⑯アディラートが上がってくると、馬体を合わせるように⑧ベストマッチョも上がっていく。前を行く2頭をとらえて、この時点では2番手だ。瞬間、馬連を買うんだったと後悔がよぎる（あとで調べてみると、馬連⑧⑯は250倍だった）。しかしすぐに⑨ショーム（5番人気）が差してきて、⑧は3番手。もうこのままでいい。ゴール200m手前で叫んだ。「そのままそのままそのまま！」「北村北村北村！」「きたむら北村そのまま！」。その段階では、取ったと思った。セーフティーリードだろうと思ったのに、後ろから⑮ワンダーリーデル（2番人気）がするすると忍び寄り、私の⑧ベストマッチョにおそいかかった。「やめろ戸崎、ばかばかばか」。あとはゴールまでもつかどうかだけ。微妙な距離だったが、ゴール直前にかわされて⑧は無情にも4着。あとで調べてみたら、あのままの態勢で決まっていたら、3連複の配当は660倍であった。いいじゃん、それで。

ところでこの日、昼休みに競馬場を抜け出して府中駅前の「いきなりステーキ」にアキラと一緒に行ったのだが、その二人がボウズということは「昼に競馬場の外に出て流れを変える作戦」は不発だったということだ。この作戦、最近はずっと不発である。悪い流れを抜本的に変える作戦は何かないだろうか。どこかに落ちてないか。

がらがらの代替競馬

10月15日の代替競馬（台風で開催中止となった12日の土曜日分）は出馬投票をやり直さず開催するという。問題は、土曜の競馬新聞を買わなかったので、手元に新聞がないことだ。いざとなったら、当日朝のスポーツ新聞でもいいのだが、スポーツ新聞に赤のサインペンで書き込むと裏まで滲んでしまうので、やはり専門紙のほうがいい。ところが新宿駅でも府中駅でも、売店では専門紙を売ってない。代替競馬といっても、東京だけの開催だから、そのために新たに新聞を刷るわけにはいかないし、これは仕方ない。スポーツ新聞でもいいか、と諦めて東京競馬場の２階正門までいくと、競馬エイトを販売していた。おお、これは助かる。そこで売っていたのは、10月12日土曜日の新聞であった。そうだよな、代替競馬のために刷ったわけではなく、土曜日の新聞を改めて販売していたわけだ。もちろん、これで十分である。販売員氏の話によると、日付が12日となっているので、15日の駅売店では販売できないんだそうだ。なるほど、違う日付のものは売れないんですね。だから、競馬場とウインズでしか販売できないようだ。その新聞には当然ながら日曜日に京都競馬場で行われた秋華賞の出馬表が載っていて、ふーん、オレならクロノジェネシスを買うかなあ、と思いながら指定席売り場に行くと、なんとこの日は無料開放とのこと。実は新宿の書店に寄ってから行ったので競馬場に到着は昼。その時間で6階B指定に行くと、無料であるのに3人しかいない。午後2時に数えたら12人（数えられるんである）、最後は20数人にまで増えていたが、ホントにがらがらだ。6階B指定の端から端までで20人だよ。それは6階B指定の穴場が閉まっていたからだろうが、タブレットでPAT投票する人間には関係ないので、十分である。

いやあ、すいているのはいいなあ。しかも、この日は東京だけの開催なので、のんびりしているのもいい。誤算は、あまりに暇なので、余計な馬券を買ってしまうこと。たとえば、競馬場に着いたときは5Rの発走だったが、私が手を出したのは6Rから。3歳以上1勝クラスのダート1400m戦だが、1番人気の⑫アンジェリーブルから馬連を5点買ったのである。そうだ、こういうときこそ、100円馬券師になろう。ところが、馬連を買っても、なかなかレースは始まらない。あまりに暇なので、3連複を買い、ええいと3連単まで買ってしまった。予想外の出費である。しかもその⑫アンジェリーブルが3着に負けて、私の馬券はすべて紙屑。次の7Rも、逃げると思った⑥ニューツーリズム（3番人気）

から馬連を買うと、なんと逃げないからびっくり。展開予想から違っていたのでは話にならない。しかも結果は3着だから（逃げ馬が差してきたのだ）、馬連は永遠に当たらない。この7R、8頭立てだからいつもならケンするレースだが、こういう日は例外と買ってしまったことを後悔したが、遅すぎるのである。

この日のハイライトはメインの白秋S。3歳以上3勝クラスの芝1400m戦だが、このレースの返し馬で、双眼鏡の視野いっぱいに1頭の馬が飛び込んできたのだ。超ぴかぴかとはこのことだ。なんだあの馬？　あわてて確認すると、④ブルベアトリュフという関西の4歳馬だった。シンボリクリスエス産駒で、東京コースを走るのは初。ここは昇級初戦である。9番人気。パドックで3番人気の⑫リカピトスの気配が目立っていたので、この馬から買うつもりでいたのだが、悩ましい。一応本線の馬券は⑫リカピトスから買うことにしたけれど、万が一のことがあるので、④ブルベアトリュフからの馬連100円総流しを追加。そのときちらっと単複オッズを見たのだが、単複にしておけよ。実はこのレース、その④ブルベアトリュフがスタートと同時に飛び出して逃げ切ったのだが、私、⑫リカピトスをずっと双眼鏡で見ていたので、そのことに気がつかなかった。最後の直線に入って、⑫リカピトスがどうやら伸びてこないと諦め、ええと、④ブルベアトリュフはどこ？　と探したら先頭にいることに初めて気がついた。ええ、先頭なの？　そのときはゴールまでは

２００ｍ。馬連総流しであるから、この馬が2着以内に残るなら相手が何でも的中である。できれば、相手は人気薄のほうがいい。④ブルベアトリュフが先頭で、そのとき2番手にいたのが⑮ウインドライジズ。手元の新聞を見ると、△が並んでいるだけ。おお、いいじゃないか。よおし、そのままだ。ゴール１００ｍ手前にさしかかったとき、初めて叫んだ。「そのままそのままそのまま！」「四位四位四位！」。なにしろ9番人気の馬であるから見栄えがする。そのままの態勢でゴールしたから「よし！」。この馬連はいくらつくんだろう。２００倍？　それとも３００倍？　急いで机の上のモニターをグリーンチャンネルに合わせると、なんと90倍！　それしかつかないのか。でも、面白かった！

「枠連の人」になる！

競馬エイトに「データスクランブル」というコラムがある。サンケイスポーツの「電脳大作戦」と並んで、私の好きなコラムだが、4回京都6日目の「データスクランブル」が推奨したのが、8R（3歳以上1勝クラスの芝1600m戦）の⑦アーデントリーと⑩サムシングジャスト。12番人気と4番人気の馬だ。それではどっちかを買いたいが、どちらを買ったらいいんだろう。新聞をずっと見ていたら、知らない間に目をつむっていて、はっと気がつくと、パドック中継は先に進んでいた。私が覚えているのは⑨ノーブルスコアまでで、次に目を開けると大外の⑱プリモプレミオ。つまりその間、8頭が飛んでいる。本人は一度目をつむっただけ、と思っていたが、ようするに寝ていたんですね。だから、⑦アーデントリーと⑩サムシングジャストが4枠に同居していると思ってしまったのも、寝ぼけていたとしか思えない。

次に考えたのは、だったら枠連を買えばいいじゃないか、ということで、面倒くさいの

4回京都6日　8R　3歳上1勝クラス

着順	予想	枠番	馬番	馬名	性齢	斤量	騎手	タイム	着差	通過順	上り	人気	単勝オッズ	体重増減	厩舎
1		❺	⑩	サムシングジャスト	牝3	53	松山弘	1.34.8		13 9 10	内34.6	④	8.9	500+2	栗松田国
2		❹	⑦	アーデントリー	牡3	55	古川吉	1.34.8	首	⑮13 14	内**34.3**	⑫	34.2	444+4	栗川村禎
3		❷	④	ヴィルトゥース	牝4	55	北村友	1.34.9	½	2 2 2	中35.1	⑮	56.9	412+8	栗石坂正
4	◎	❷	③	ナリス	牝3	53	藤岡康	1.34.9	首	⑤6 6	中34.9	①	5.0	476-4	栗今野貞
5	▲	❶	①	アンジュミニョン	牝3	53	田中健	1.35.0	首	1 1 1	内35.3	⑨	16.8	448+8	栗佐々木晶
6		❸	⑤	ミッドサマーハウス	牝3	53	川田将	1.35.2	1¼	7 7 6	中35.1	⑤	9.4	456+4	栗鮫島一
7	△	❼	⑭	トロイメント	牝3	53	池添謙	1.35.4	1¼	14 13 12	外35.0	⑩	22.4	436-2	栗西浦勝
8	△	❽	⑰	ベストクィーン	牝3	53	和田竜	1.35.4	鼻	11 13 14	中34.8	⑥	14.1	418+4	栗西橋豊
9	△	❼	⑬	セグレドスペリオル	牡3	54	川又賢	1.35.4	鼻	17 18 14	外34.8	⑬	40.8	472+2	栗宮本博
10	△	❻	⑫	マルモネオフォース	牝3	53	酒井学	1.35.4	首	11 11 10	中35.1	⑧	16.7	500 0	栗木原一
11		❸	⑥	タニノミッション	牝3	53	幸　英	1.35.4	頭	3 3 2	中35.5	⑦	15.4	494 0	栗角居勝
12		❹	⑧	ゴールドハット	騸5	54	岩田望	1.35.4	鼻	5 11 12	中35.0	⑭	42.3	418-4	栗角居勝
13		❽	⑯	ニホンピロヘイロー	牝4	55	小牧太	1.35.8	2½	15 16 14	外35.2	⑰	195.5	478+4	栗服部利
14		❽	⑱	プリモプレミオ	牝3	53	秋山真	1.36.2	2½	⑱16 18	中35.5	⑯	68.6	448 0	栗吉村圭
15	○	❺	⑨	ノーブルスコア	牝3	53	浜中俊	1.36.2	首	⑨9 8	中36.0	②	5.2	452+18	栗藤原英
16		❶	②	アドマイヤレオ	牡3	55	岩田康	1.36.4	1½	⑦3 4	内36.5	⑪	25.5	486+6	栗須貝尚
17	△	❼	⑮	ジャミールフエルテ	牡3	55	松若風	1.36.6	1¼	10 7 8	外36.5	③	5.3	468+2	栗大久保龍
18		❻	⑪	イサチルケイ	牝3	53	国分恭	1.37.0	2½	4 3 4	外37.0	⑱	244.9	462 0	栗大根田裕

単⑩890円　複⑩320円　⑦850円　④1460円　　ブリンカー＝⑪
馬連⑦—⑩11790円㊹　　枠連❹—❺3820円⑲
馬単⑩—⑦21920円㉛　３連複④⑦⑩269900円503
３連単⑩⑦④1343920円2706
ワイド⑦—⑩4190円㊸　④—⑩8660円㊽　④—⑦22030円121

で総流しにしよう。というわけで、4枠から枠連を総流しすることにした。普段、そんな買い方をしないのでゾロ目も自動的に買い目に入るとは知らなかった。で、これが当たってしまったのである。1着⑩サムシングジャスト、2着⑦アーデントリー、3着④ヴィルトゥース。4番人気↓12番人気↓15番人気という結果で、3連単は134万。15番人気の④ヴィルトゥースはとても買えないが、枠連3820円がヒット。そしてようやく自分が勘違いしていたことに気がついた。

「データスクランブル」が推奨した2頭は4枠に同居なんかしていない！　4枠と5枠に分かれていたのだ。しかもその2頭が1～2着して、その馬連が1万1790円。おお、枠連なんか買わずに素直に2頭の馬連を買えばよかった。すごいな、「データスクランブル」。さらにこの2頭を軸にして3連複の総流しを買えば、3着に超人気薄が来たため、3連複の配

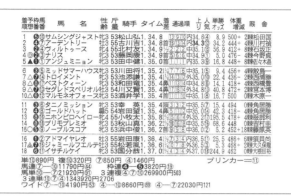

当は約27万。そっちの道を選べばよかったのに、枠連が当たったと喜んでいたのは誰が見てもバカみたいだが、不思議なことに当たると楽しいんである。逃した馬連と3連複（これは買ったかどうかはわからないが）は痛いけれど、３８２０円の枠連が当たると、それはそれで嬉しいのだ。

１００円馬券師の道をこのところずっと模索していたが、枠連流しもいいんじゃないだろうか。この日は東京メインの富士Sでも枠連がヒット。⑨レイエンダ（3番人気）と⑩カテドラル（7番人気）が5枠に同居していたので、この5枠から総流しすると、⑨レイエンダのほうが2着。勝ったのが2番人気の⑯ノームコアだったので、これはトリガミかもと思ったら、枠連は１０１０円。かろうじてプラスだった。全然儲かっていないけれど、ボウズに慣れている私にしてみれば、当たると楽しい。いいなあ枠連。

今週は菊花賞ウイークということで西下。博多からやってきたオサムと京都競馬場で合流したが、皐月賞馬もダービー馬も、そしてトライアルの勝ち馬もいないという菊花賞だったので、例年よりもすいていた。日曜は8時半前に競馬場に到着したが（いつも早く行ってダービーハウスでコーヒーを飲むのが長年の習慣になっている）、その時点でラウンジシートがまだ満席になっていなかった。ディープインパクトが勝った菊花賞当日は、始発前に京都からタクシーを飛ばしたのに（競馬場到着が早朝4時半）、このラウンジシートの最後のほうしか空いていなかったことを思えば、隔世の感がある。日曜はシゲ坊が5歳の長男優仁君を連れて競馬場にやってきたので、昼休みにパドックまで降りていったが、男の子は5歳くらいがいちばんかわいい。前日から京都に来て、いろいろ観光したらしいが、「どこが楽しかった?」と訊ねると、恥ずかしそうに父親の陰に隠れた。日曜の10R桂川Sがシゲ坊の勝負レースで、そのレースを見たら帰りますと言っていたが、シズヤのカルネがおいしいぜ、とすすめたら、「勝負レースは外れましたが、カルネ、おいしかったです」とあとでメールが届いた。

菊花賞は、1番人気⑬ヴェロックス、8番人気⑭サトノルークス、5番人気⑮ホウオウサーベルが同居した7枠がいちばん強力なので、この7枠から枠連総流しをしたら（今週は土曜の結果から、枠連の週と決めたのである）、⑭サトノルークスが2着したので、とりあえず枠連は成功。ただし、1着が3番人気の⑤ワールドプレミアだったので、枠連は610円。8点買って6倍ではトリガミだ。配当はどうでもいいから当てたい、というときにはいいけれど、やっぱり馬券作戦の主力にはふさわしくないか。今週はばしばし飛ばしたので、終わってみたら土日で全治1ヵ月。そろそろ尻に火がついてきた。いろいろあって、すごく楽しかったけれど、金がどんどん消えていくのはつらい。なんとかしなくては、と思うのだが、なにをすべきなのかがわからず、途方に暮れるのである。

試行錯誤の季節

土曜の開門直後に東京競馬場に到着すると「飛行機の出発が遅れたので、到着は昼ごろになります」とオサムからメールが入った。そうとわかっていれば、駅前の喫茶店でゆっくりしていたのに、もう競馬場に来ちゃったからなあ。そのとき、ぴかっとひらめいた。じゃあ、1Rから100円の馬連5点流しをするというのはどうか。そうして遊んでいれば時間も潰れるし、なかなか実行できない100円流しもできるし、ちょうどいいのではないか。

というわけで、新潟1Rからやってみることにした。新潟1Rは障害戦で、普段はケンするレースだが、なあに、かまうことはない。そのとき考えたのは、軸は1番人気か2番人気にすること。トシキが単勝人気しか見ない、と言っていたことを思い出したのである。違う意味で言っていたのかもしれないが、まあ、いい。単勝人気を見て、1番人気と2番人気のどちらが軸にふさわしいかを検討する。勝負レース以外は前夜、克明に検討していないので（この日の勝負レースは全部で4レースの予定だった）、当日に短い時間で検討できるのはそれくらいである。で、軸が決まったら、あとは人気ではなく、馬柱をざっと見て、5頭をピックアップする。すると、新潟1Rがいきなりヒット。4番人気の①アサクサゲンキが勝って、1番人気の⑦ルグランフリソンが2着。その馬連が820円。1～3Rの結果を先に書くと、新潟は3Rまで全部的中（2Rは280円でトリガミだったが、3Rは2340円）。東京は1R290円、3R890円が的中。京都はすべて外れ。なんと各場1～3Rの全9レース中5レースで当たったのである。1レース500円の9レースだから、投資合計は4500円、配当合計は4620円。各場の3Rが終わった段階で、プラス120円。これを面白いと思うか、つまらないと思うかは人それぞれだろうが、私はリハビリだと思ってオサムと合流してからもこの日は最後まで続けることにした。ただし、午後は馬連以外に、3連複も追加。ヒモが5頭なら、馬連5点に3連複10点で、合計1500円である。100円馬券師としては全レース500円にとどめたいが、これくらいの遊びは許されたい。午後の的中結果は、東京と京都が各2、新潟が4。つまり1日のトータルで13レースも当たったことになる。新馬戦や少頭数レースなどはケンしたので購入したのは全部で20レース。それで的中が13であるから、的中率が6割5分。トシキの今年の平均的中率5割を軽く超えたから自分でも驚いた。しかし収支の結果は合計でマイナス3000円。それだけ当たってても儲からないのか、と思うか、1日楽しく遊んでそれくらいのマイナスで済めば安いものだ、と思うかで、この馬券戦術の評価は分かれるだろう。私は後者だ。いつもボウズが多いので、これだけ当たると面白いのである。欠点は、叫べないこと。基本的には堅い配当を狙っているので、ゴール前の攻防を静かに見守るだけで、叫べないのはなんだかなあと欲求不満が残る。

日曜の結果も先に書いておくと、23レース買って、的中が4。土曜が13レースも当たったのに、その3分の1しか当たらなかったのはなぜなのか、よくわからない。というのは、土日の各場の1番人気の成績を並べると、東京が〔6132〕〔2334〕、京都が〔6132〕〔2316〕、新潟が〔3504〕〔4224〕。東京と京都は、たしかに日曜のほうが1番人気の3着内率が落ちている。土曜に4着以下に落ちた1番人気は、東西ともに2頭ずつしかいなかったのに比べ、日曜は東京4、京都6と4着以下に落ちた1番人気が増えている。しかし、新潟は土日ともに3着内を保った頭数に変化はないのだ。それなのに、土曜日に7レースも的中した新潟は、日曜はたったの的中1。なぜなのか、よくわからない。日曜は馬連5点の枠も守れず、7点になったりすることが多くなり（こうなると3連複は21点）、総額も2800円と跳ね上がるので、外れるレースが増えてくるとマイナスがどんどん蓄積される。トシキが「これは安い！」とか「これじゃあ、トリガミだ！」と嘆いている光景は何度も目撃しているが、ああやって丸外れを避けるのは意味のあることだったと、今になると理解できる。そうやって投資金額を回収していかないと大変なのである。

日曜は天皇賞を仕留めて息をついたが（この日の収支合計はマイナス６０００円）、こんなことはしょっちゅうあるわけではないので、もう少しこの馬券戦術をきわめる必要がありそうだ。そういえば、トシキはよく４頭ボックスを購入するが、やってみるとあれがなかなか難しい。よく４頭まで絞れるよな。もう一つは、馬連の単位を１００円にしていると、今度は１０００円単位の馬券を買うのが大変になることだ。清水の舞台から飛び降りるつもりにならないと、そんな無謀な、という気がしてくるのである！

馬連5000円ぽっきり勝負

先週は上位人気馬を軸にして100円馬券で遊んだ結果、20レース購入して的中が13。これは土曜の結果だが、収支はマイナス3000円。13レースも当たったのにプラスにならないのは、低配当ばかりを当てたからだ。200倍とか300倍の3連複がヒットしないと、この「上位人気→低配当」馬券術ではなかなかプラスにならないと、いつも半数以上を当てるトシキがよく言っていたが、本当にその通りだ。しかも、なにやら複雑な計算を積み重ねて綿密な検討をしてくるトシキに比べて、私のはその場しのぎの馬券術であるから、土曜に13レースも当たったのに日曜は的中が4。全然安定していない。これだけ的中数に差があるのは、やはりその場しのぎだからだろう。それに、最終レースが終わったときには、これくらいの負けで済むならいいではないか、と思ったが、時間がたってくると、やっぱり私には物足りなく思えてくる。オサムが競馬場に到着するのを待っているときとか、あるいは午前中ずっとケンするのもなんだかなあというときに実践するのはいいけれど（要するに、朝だけの100円馬券師だ）、馬券作戦の主力にするものではない、というのが1週たってからの結論である。

では、その馬券作戦の主力とは何か。先週日曜の天皇賞を思い出すのだ。アーモンドアイとダノンプレミアムの馬連920円をガツンと仕留めたのである。金額を書くと下品になるから書かないが、いや、この場合は書いたほうがわかりやすいので、書く。その金額は5000円だ。これでいいではないかと思うのである。馬連を主力とする、という意味ではない。たしかに主力なんだけど、「10倍前後の馬連を1点で仕留める」というのが肝要だ。1点しか買えないから、狙うのはどのレースがふさわしいか、じっくり検討し、ああでもないこうでもないと考えて、えいっと出した結論が当たれば、実に楽しい。当たれば5万円。3連単を買って何十万の配当を狙うほうが男らしいが、馬連で5万円を狙うほうが私の身の丈に合っている。この場合、押さえは買わないというのがマイルール。たしかに押さえたくなるけれど、そんなことを始めると金額がどんどん膨れ上がる。勝負レースの馬連1点に入れるのは5000円ぽっきり。で、他のレースは100円馬券で遊んでいたりするのだ。朝から遊んでいると1万や2万が消えてしまうので、その分を勝負レースの押さえに回せばいいではないかとの声もあるけれど（私が自分で呟いているんだけど）、しかしそれとこれは別の話である。勝負レースだけやる人生は、実はあまり好きではない

5回東京2日　11R　アルゼンチン共和国杯

着順	予想	枠番	馬番	馬名	性齢	斤量	騎手	タイム	着差	通過順	上り	人気	単勝オッズ	体重	増減	厩舎
1	◎	❺	⑦	ムイトオブリガード	牡5	56	横山典	2.31.5		3 3 3 内	33.8	②	4.8	488	−2	栗角田晃
2		❷	②	タイセイトレイル	牡4	55	戸崎圭	2.31.7	1¼	9 10 10 内	**33.5**	⑤	11.2	484	＋4	栗矢作芳
3	△	❶	①	アフリカンゴールド	騸4	55	ルメール	2.31.7	頭	8 7 7 中	33.8	①	2.8	464	−4	栗西園正
4	○	❹	⑤	ルックトゥワイス	牡6	57	福永祐	2.31.8	½	12 12 10 外	33.6	③	5.1	442	−2	栗藤原英
5		❼	⑩	トラストケンシン	牡4	53	三浦皇	2.31.8	首	11 10 10 中	33.6	⑨	21.1	468	＋4	美高橋文
6	△	❺	⑥	ポポカテペトル	牡5	55	北村宏	2.31.9	首	5 7 7 内	34.0	⑪	45.9	482	−4	栗友道康
7		❼	⑪	パリンジェネシス	牡5	54	石橋脩	2.32.1	1¼	2 2 2 中	34.6	⑩	45.0	508	−14	栗清水久
8	△	❻	⑨	ノーブルマーズ	牡6	56	高倉稜	2.32.2	½	6 6 6 外	34.4	⑥	14.8	494	＋2	栗宮本博
9		❸	③	ハッピーグリン	牡4	55	池添謙	2.32.3	½	9 9 9 外	34.3	⑧	19.5	462	＋6	栗長谷川浩
10		❽	⑬	ウインテンダネス	牡6	56	内田博	2.32.3	首	4 5 3 中	34.6	⑫	73.3	516	＋8	栗杉山晴
11	▲	❹	④	アイスバブル	牡4	55	浜中俊	2.32.5	1¼	⑬ 13 13 内	34.0	④	7.5	448	−6	栗池江寿
12	◬	❽	⑫	オジュウチョウサン	牡8	53	松岡正	2.32.8	1¾	1 1 1 内	35.4	⑦	19.4	514	＋2	美和田郎
13		❻	⑧	マコトガラハッド	騸6	51	武藤雅	2.33.3	3	6 3 3 外	35.6	⑬	152.4	498	＋8	栗鮫島一

単⑦480円　複⑦150円　②260円　①150円
馬連②―⑦3120円⑭　枠連❷―❺3640円⑰
馬単⑦―②5590円㉑　３連複①②⑦3070円⑧
３連単⑦②①23070円㉛
ワイド②―⑦800円⑩　①―⑦380円①　①―②570円⑥

のだ。たしかにそのほうが効率がいいけれど、効率を求めるのならそもそも競馬なんてやっていない。1年もしないうちに忘れてしまうような午前中の名もないレースを、ああでもないこうでもないと検討して馬券を買うのが楽しいのだ。無駄と言ってしまってはたしかに無駄なことではあるけれど、それが競馬の楽しみの一つではある。

というわけで今週から始める「馬連5000円ぽっきり勝負」に選んだのは、日曜東京のメイン、アルゼンチン共和国杯だ。軸は最初から①アフリカンゴールドに決めていた。まさか1番人気になるとは思ってもいなかったが、鞍上がルメールなのでやむを得ないかも。問題は相手探しである。春の目黒記念をレコードで勝った⑤ルックトゥワイス、昨年の2着馬⑦ムイトオブリガードをはじめ、③ハッピーグリン、④アイスバブル、⑨ノーブルマーズ、⑩トラストケンシンと怪

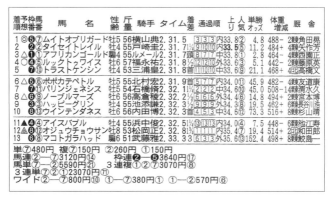

しい馬がたくさんいる。最終的に⑦ムイトオブリガードに決めたのは、今年春の目黒記念のようなペースにはならず、昨年と同様にスローペースになるだろうと思ったからだ。ならば、そのレースで1番人気2着の⑦ムイトオブリガードのほうがいい。

⑫オジュウチョウサンが逃げ、⑦ムイトオブリガードは3番手。①アフリカンゴールドは中団で、レースは淡々と進んでいった。いつもより前めにつけた⑦ムイトオブリガードが、直線を向くとインに馬体を入れ、猛然と差してきて、早々と先頭に立つ。あとは、①アフリカンゴールドが来ればいい。大丈夫か、ルメール。馬群が壁になっていて少し追いづらそうだったが、その馬群を割って差してきた。よし、これでできた、と思った瞬間、いつの間にか内に1頭いて、それが②タイセイトレイル。①アフリカンゴールドが外、②タイセイトレイルが内。2頭の叩き合いになった。先週の天皇賞は、内で粘るアエロリットを外からダノンプレミアムがじりじりかわして2着となったが、今週は外の①アフリカンゴールドが迫るも、アタマ差かわせず3着。幻の馬連は最終的に8・9倍まで下がっていたので当たっても5万円に届かなかったが、いやあ、面白い。競馬場にいたら9倍弱の馬連だからそんなに叫べなかったかもしれないが、ゴール前は「差せ差せ差せ差せ」とテレビに向かって叫び通しだった。これだけ惜しいと面白い。

こんなに負けているのになぜ面白いのか

ＷＩＮ５から完全に撤退することにした。当初は１００～１２０点買いでそれなりの結果を残していたのだが（そのころは１００万の配当を２年に一度当てればチャラになるという考えでやっていた）、それがまったく当たらなくなり、しばらく休んだあとに、30～50点と点数を絞って再開。毎週１万円を捨てることに耐えられなくなったのである。今度は毎週30点とすると年間で15万だから、２年に一度30万の配当を当てればいい、と考えたのだが、この２年で当たったのは今年の金杯の日だけ。その配当はなんと２万。点数を広げれば当たるというものでもないが、絞ればもっと当たりにくくなる。秋天の日は珍しく60点買ったら一発目でドボン。もうやっていられないと撤退を決意。その代わりに、ＷＩＮ５に使っていた金額で、馬連を買うことにした。それが「馬連５０００円一点買い」なのである。本当は、ＷＩＮ５の資金をまわすのだから「馬連３０００円一点買い」なのだが、３０００円ではインパクトが弱い。そこは５０００円にしたのだが、面白いのは、勝ち馬を真剣に考えることだ。WIN5のときは真剣に考えていなかったのか、と言われそうだが、「馬連5000円一点買い」のほうが明らかに真剣度が異なる。

たとえば今週の候補は、福島記念とエリザベス女王杯。このどちらかでやると決めたものの、この先が決まらない。馬連10倍前後を狙う作戦であるから、1番人気馬と4番人気馬の組み合わせとか、2番人気馬と3番人気馬の組み合わせとか、上位人気の組み合わせであることが多い。従って、あまり荒れそうなレースは最初から対象外。福島記念はハンデ戦なのに近年は意外に堅い決着が多いから、手頃なレースとは言えるのだが、私が買いたい⑧マイネルファンロンと⑩クレッシェンドラヴの馬連オッズは21倍もあるから悩ましい。狙うゾーンの倍もあるのでは、そんな馬連を1点で仕留めるなんてうまい話はないよな、と思ってしまう。私の本命は、⑩クレッシェンドラヴで、この馬の相手探しのレースなのだが、前記の理由で⑧マイネルファンロンにいれられない。オッズ的には、2番人気⑫ミッキースワローとの馬連がちょうど10倍でぴったりなのだが、⑫ミッキースワローのハンデは58・5キロ。この10年でそんな馬が来たことは一度もない。しかも追い込み馬だし、少し買いにくい。今年の七夕賞の勝ち馬で、福島に実績のある馬だが、今回ばかりは届かない恐れがある。それよりは同じく福島に実績があり、今年の七夕賞で⑫ミッキースワローの2着に入った⑩クレッシェンドラヴのほうが、そのときと同じハンデでもあることだし、軸としては堅いという考えで本命にしたのである。で、距離延長で好走→短縮で惨敗、を繰り返している⑧マイネルファンロンが今回延長のことだし、5番人気で狙いごろなのだ。でもなあ、そんな絵に描いたような結果になるとも思えない。なんだかしっくりこない、と言えばいいか。

そこで、いくら考えても結論が出ないので福島記念は脱落。候補は、エリザベス女王杯とした。こちらの本命は決まっていた。3番人気の②ラッキーライラックだ。問題はその相手なのだが、1～2番人気の3歳馬2頭のどちらかなのだ。つまり、⑧クロノジェネシスか⑪ラヴズオンリーユーだ。②ラッキーライラックからどちらにいっても、前日段階の馬連は10倍（最終的には、8・3倍と9・7倍になっていたが）。結局、私は②ラッキーライラックと⑧クロノジェネシスの馬連に5000円いれたのだが（②は勝ったものの、⑧は5着）、いやあ、外れても面白かった。というのは、たとえWIN5を買ったとしても一発目で絶対にコケていたからだ（11番人気の馬がいきなり勝ったのである）。まあ、WIN5を買っても、馬連5000円一点買いをしても、外れたことに変わりはないのだが、やはりこちらのほうが面白い。当分はこれでいく。

今週は、アキラとヨシ先輩と東京競馬場に出撃したのだが、戦いが終わって酒宴の席についたとき、ヨシ先輩がプレゼントをくれた。天皇賞の日に配っていたマフラーだ。私は外れていたので、これは嬉しかった。この日、「馬連5000円一点買い」だけにしておけばいいのに（100円馬券師になって馬連100円5点流しで遊んでいればいい）、このバカは朝から飛ばしてしまったので、終わってみたら全治1ヵ月。もう完全に追い詰められている。

秋天の前日に20レース購入して13レース的中したことは当欄で報告したが、その買い方（ようするに、上位人気馬から馬連100円の5点買いが基本）を1週だけでやめてしまったのは、そんな買い方がやっぱりつまらなかったからだ。しかしいま、それでいいんじゃないかと思い返している。困るのは、これだけ負けているのに競馬がイヤにならないことだ。なんだか競馬がすごく面白いのだ。おれって壊れているんだろうか。

時代は3連複だ！

福島2Rが終わったところで、「サマーバード産駒のワンダーラジャ2着固定3連単狙ったのに取れず。1着と3着が入れ替われば」と、アキラからメッセージが入った。福島2Rから買ってるのか。熱心なやつだ。その福島2Rは、11番人気の⑤ネコマヒカが勝ち、1番人気①ワンダーラジャが2着、10番人気⑩デストロイが3着で、3連単が37万馬券となったレースである。①ワンダーラジャはアキラの好きなサマーバード産駒で、⑩デストロイは鞍上が菅原明良であるから（字は違っても読みは同じなので、アキラはいつもこの騎手を買っているのだ）、この2頭はわかる。しかし、11番人気の⑤ネコマヒカをよく買えたよな。おそらく⑩デストロイを1着固定、①ワンダーラジャを2着固定にして、3着を流したのだろう。「なぜ3連複を押さえないのか」とも書いてきたので調べると、この3連複は547倍。おお、これは大きい。せっかくサマーバードと菅原がきたのに馬券を外したアキラに同情しようとしたら「①⑩のワイドは取りましたが、たいしたことない」だって。

そのワイドは２３６０円。いいじゃん、そのくらいでも。

さっそくオサムも「ワイドが当たったならいいですよ。やっぱり時代はワイドですね」と書き込んできた。オサムは前日の土曜日、ワイドは３本当てたものの、馬連が１本も当たらずマイナスだったという。オサムのメッセージを読みながら、そうだよな、時代はワイドだよな、と思っていたのには訳がある。この日の「馬連５０００円一点勝負」に自信がなかったからだ。対象はマイルＣＳ。本命は、⑭ダノンプレミアムなのだが、相手は迷いに迷って、⑰レイエンダにしたのだ。その馬連が35倍。こんな配当を１点で仕留められるとは思えない。そこでワイドのオッズを見ると、12〜13倍。これくらいなら現実的だろう。それにワイドにしておけば、ダノンキングリーに割り込まれても大丈夫だし。しかし「馬連５０００円一点勝負」を宣言しているのに、ワイドを買うなんて男らしくないよな、と思ってしまう。心が千々に乱れるのである。

面白かったのは東京８Ｒ。３歳以上２勝クラスのダート１４００ｍ戦だが、私の本命は４番人気の⑩ペイシャネガノ。この馬から馬連を数点買ったあと、⑩を１着に固定した３連単を買った。１番人気の③デピュティプライムを２着に固定し、３着は５頭。こうするとたった５点で済む。本当は③⑩を２頭軸にして相手５頭の３連単マルチを買いたいのだが、そうすると買い目は30点。10万馬券や20万馬券がその30点の中にいっぱい入っている

5回東京6日　8R　3歳上2勝クラス

着順	予想	枠番	馬番	馬名	性齢	斤量	騎手	タイム	着差	通過順	上り	人気	単勝オッズ	体重増減	厩舎
1	○	❷	③	デピュティプライム	騸6	57	Mデムー	1.24.6		6 3 3 内	36.4	①	3.8	484−2	北小島茂
2		❶	②	ジュンパッション	牡4	56	武藤雅	1.24.6	鼻	1 1 1 内	36.8	⑦	18.7	472 0	北高柳瑞
3	▲	❺	⑩	ペイシャネガノ	牝3	54	武士沢友	1.24.6	頭	5 5 5 中	36.1	④	5.7	460−2	北深山雅
4	◎	❸	⑤	コーラルプリンセス	牝5	55	丸山元	1.25.0	2½	⑭ 14 12 中	**35.7**	⑤	8.0	532−2	南高橋裕
5	△	❻	⑪	ラーナアズーラ	牝5	55	大野拓	1.25.2	1	⑭ 14 15 外	**35.7**	②	4.2	498−2	南畠山吉
6		❽	⑯	オレノマニラ	牡4	57	柴田善	1.25.8	3½	7 7 6 外	37.1	⑬	104.4	432 0	北土田稔
7		❶	①	ヤマニンリュシオル	牝4	55	伊藤工	1.25.8	首	9 8 8 内	37.0	⑪	76.1	484 0	北蛯名利
8		❼	⑭	テキスタイルアート	騸7	57	柴田大	1.25.9	½	3 5 6 中	37.3	⑮	191.4	482+14	北加藤和
9	△	❻	⑫	ハヤブサレジェンド	牡4	57	田辺裕	1.26.0	首	③ 3 3 中	37.9	③	5.4	504+6	北伊藤圭
10		❽	⑮	サムシングフレア	牝6	53	木幡育	1.26.2	1¼	9 10 11 外	37.1	⑧	22.5	498−4	南松山将
11	△	❼	⑬	カレイドスコープ	牝4	54	菊沢一	1.26.2	鼻	12 12 12 外	36.9	⑩	41.5	482−2	南菊沢徳
12		❷	④	ララパルーザ	牡6	57	江田照	1.26.6	2½	9 12 12 内	37.4	⑫	84.6	532+14	北岩戸孝
13		❹	⑦	メイショウダブル	牡4	57	北村宏	1.26.6	頭	8 8 8 内	37.7	⑥	15.3	496−10	栗本田優
14	△	❺	⑨	ネームユアポイズン	騸5	57	三浦皇	1.26.8	1	⑫ 10 10 中	37.8	⑨	27.7	472+8	南黒岩陽
15		❸	⑥	サウンドジャンゴ	牡7	56	野中悠	1.26.8	首	16 16 16 中	37.1	⑯	218.1	530+8	北和田郎
16		❹	⑧	レイデマー	牡4	57	吉田豊	1.27.8	6	2 2 2 中	39.8	⑭	111.1	494−2	南小桧山悟

単③380円、複③160円　②420円　⑩170円　　ブリンカー＝②
馬連②—③4130円⑭　　枠連❶—❷3090円⑫
馬単③—②6620円㉒　３連複②③⑩6020円⑯
３連単③②⑩34340円㊵
ワイド②—③1300円⑭　③—⑩370円①　②—⑩1730円⑲

なら夢いっぱいの馬券と言っていいが、軸2頭はしょせん4番人気と1番人気なのだ。そんな高配当はのぞめない。だったら5点で済む着順固定の3連単のほうがいい。これはアキラと競馬場に行ったときに教えられた。というよりも彼の買い目を覗き込んだのである。どういうふうに買っているのかなと。1着も2着も固定して、3着に数頭置く3連単を買っているのを見て、目からウロコが落ちた。そうか、それでいいんだ。とにかく点数を絞ること。それが肝要なのである。競馬なんて外れることが多いのだから、点数を広げても当たらないときはまったく当たらない。で、点数を広げた分だけマイナスが膨れ上がっていく。だったら、点数を絞りに絞って（そうすれば、外れたときもマイナスがそれほど増えなくて済む）、当たったときに大きいほうがいい。

レースは、7番人気の②ジュンパッションがぽんと飛び出してハナを取り、先頭を切って馬群を引っ張っていく。私の本命⑩ペイシャネガノは3番手グループだ。そのままの態勢で4コーナーを回って直線を向くと、逃げる②に迫ってきたのが、1番人気の③デピュティプライム、その外から伸びてきたのが⑩ペイシャネガノ。直線はこの3頭の叩き合いだ。後ろは完全に千切れているから、あとは⑩ペイシャネガノが前を行く2頭をかわせるかどうかだけ。理想は、⑩→③→②の順。これなら280倍の3連単がヒットする。馬連③⑩は9倍程度だったので買ってないので、③→⑩→②だと1円にもならない。次の理想は、②と⑩が1～2着になること。この場合は3連単は外れるけど、50倍超えの馬連がヒットする。差せ差せ差せ、ブッシーブッシー（⑩の鞍上が武士沢なのだ）と叫んだが、③が②をかわしただけで、⑩は3着。これではダメだと思ったら、最後の最後に3連複を買ったことを思い出した。着順固定の3連単を買ったあとで、これで馬券が当たるなんて、そんなうまい話があるわけないと、2頭軸の3連複を念のために追加したのである。その配当が6020円。そうか、時代はワイドではなく3連複だったのかも。マイルCSは結局、⑭⑰のワイドにガツンと入れたが、プレミアムは2着に来たものの、レイエンダはどこを走っていたんでしょうか。

競馬がなかったらつまらない人生だ

日曜日の午後、アキラがメッセージを書き込んできた。「ボウズ継続中です。京都8Rのカジノドライヴ産駒が2着か3着に来てくれないともうやる気ゼロです」。

京都8Rのカジノドライヴ産駒とは、④ヴォカツィオーネ（鞍上は丹内）で、4番人気の馬である。よおし、それでは応援してあげよう。この日は、ジャパンカップと京阪杯しか買う予定がなかったので、すっごく暇だった。ぼんやりレースを見ているよりも特定の馬を応援しているほうが面白い。で、指定席のモニターを見ていると、その④ヴォカツィオーネ、後方からのスタートで、4コーナーでは最後方。これは無理だなと思ったが、そこから外に出して猛烈に追い込んできた。おおお、これは面白い。もしかすると、もしかするかも。3着でもいいのなら、このレースは12頭立てであるから、4コーナー最後方とはいっても9頭をかわせばいいのだ。そのくらいなら、何とかなるかも。その脚があまりにもすごいので、思わずモニターに向かって叫んでしまった。「丹内丹内！」「タンナイタンナイ！」。隣でオサムも叫んだ。私もオサムも、馬券など買ってないのである。アキラのために叫んでいるだけなのである。いやあ、惜しかった。3着の1番人気、⑨ダノンスプレンダーとクビ差の4着。あともう少しだったのに。すると、オサムがすかさず書き込んだ。「ちょっとたんない（丹内）」。おお、オサムに座布団1枚だ。

今週は博多からオサムがやってきて、土日とも東京競馬場に出撃。いつもは土曜だけトシキとアキラが付き合って、日曜は私とオサムが2人で出撃というパターンだが、今週はアキラが日曜の指定も取れたので、土日とも4人で参加。もっとも日曜は、私とオサム、トシキとアキラ、二つのグループは予約した指定席が異なるので、離れ離れ。だから、私とオサムが丹内を応援しているとき、アキラは離れた指定席にいたのである。アキラよ、私たちのこの声援が聞こえるか、と叫んだのだが、惜しかったね。前日に馬券を買い忘れて当たりを逃したように、今週はアキラ、ツイてなかったみたいだ。最近は絶不調なんだよ、と言いながらトシキは約半数のレースを当ててるし、こちらはいつものトシキだった。私のヒットは土曜東京の8R。3歳以上2勝クラスのダート1600m戦だが、この返し馬で選んだ4頭のワイドボックスを冗談で買うとホントに来ちゃったから驚いた。冗談というのは、こんなの絶対に来ないよなという人気薄の馬たちだったからだ。10番人気の②トーセンヴィータ、13番人気の⑤アスカノハヤテ、16番人気（単勝116倍のビリ人気！）の

⑨スパイスマジック、8番人気の⑮クレディブルの4頭だ。これで、②が2着、⑨が3着。ワイド②⑨が1万8180円。ホントに来るのかと、買った本人が驚いた。しかしこれ以外はいいところがなく、今週も土日で全治1ヵ月。もうふらふらである。

それにしても私、馬券が下手だ。ジャパンカップ予想を木曜の晩、競馬仲間に送ったのだが、本命がスワーヴリチャードで、3着候補4頭の中に、カレンブーケドールとワグネリアンがいて、カレンは2着まであるかも、という予想なのだ。だから日曜の夜から月曜にかけて「当たりましたね」「おめでとうございます」とメールが来た。配当的にはたいした馬券ではないので予想がほぼ当たったとはいっても自慢できないが、私の予想が当たること自体が珍しいので、これは快挙の部類だろう。だから、馬券を外したとは書きにくい。どうやっても当たっているのに、なぜ馬券を外すのか。自分でも信じられない。もういいんだ。

それに、今週は遠征でもないのに4人がずっと一緒で(日曜の指定席は離れていたが、気持ちはすぐそばにいた)、とても楽しかった。飲んでしゃべって笑って、こんなに楽しい夕べはない。居酒屋で向かい合って笑い転げた光景が、いまも脳裏に鮮やかだ。私が病床について、余命いくばくもないという状況になったとき、それまでの人生のあれこれを思い出すと思われるが、この日の居酒屋の光景は絶対にその中に入っているに違いない。来年古希を迎えるトシキが「競馬がなかったらつまんない人生だよなあ」と呟いたが、本当にそうだ。ひとりで競馬をやっていたら、こんなに負けているんだから絶対にどこかでやめてしまっていただろう。どんなに負けてもやめられないのは、親しい仲間たちがいるからだ。楽しい時間がそこにあるからだ。来年2月にはメグを東京に呼ぼう、アキラはまだ京都競馬場に行ったことがないというから4月には京都に行こう、7月には福島に行って去年飲んでおいしかった酒をまた飲もう、といろいろ盛り上がったが、こういうことを話しているだけで楽しい。だから、いいんだ。今週大負けしたことは全部早く忘れよう。馬連5000円一点勝負は今週かぎりで中止とするが、代わりに何をするのか。そんなことはゆっくり考えればいいのだ。

ジャパンカップ後遺症の日々

5回阪神2日目の最終レース。3歳以上2勝クラスのダート1200m戦だが、軸は⑦イメルか、⑨ツウカイウイングのどちらかだ。前者は1番人気、後者は4番人気。この2頭は前走で同じレースに出て、3着と2着。にもかかわらず前者が1番人気で、後者が4番人気であるのは、⑦イメルは前走でも1番人気であったからだ。それに対して⑨ツウカイウイングの前走は12番人気。つまり⑨ツウカイウイングは超人気薄で2着に突っ込んできたわけである。前走では⑦イメルに先着しているのに⑨が4番人気に甘んじているのは、人気薄の二番はない、ということかも。そうだよな、前走がフロックということはあるよな。と思っていたが、競馬エイトの「3ポイントデータ」を読むと、「前走ダート1200m出走組が3勝2着4回と有利」「前走3着以内が2勝2着2回と好成績」とあり、該当するのが⑦イメルと⑨ツウカイウイング。やっぱりこの2頭なのだが、結論は⑨ツウカイウイング。どうしてかというと、「参考レースの全連対馬が当該距離で勝利経験あり。この舞台を含めて2勝している本馬を本命視」との理由だからだ。⑨ツウカイウイングのダート1200は〔2107〕だが、⑦イメルは〔0010〕。前走の3着が同距離初だったから1400m巧者の可能性もある。さらに、「3ポイントデータ」のもう1点として「1番人気の連対はなく5番人気以下が7連対と波乱ムード」とあったのがダメ押し。よおし、競馬エイトの「3ポイントデータ」を信じよう。

というわけで、4番人気の⑨ツウカイウイングを軸に3連複をばらばらばらばら。こんなことをしたって負けを増やすだけだよなと思うものの、止められないのだ。中山最終が終わった段階で、「終わりました、また来週」とアキラがメッセージを書き込んできて、オサムからはその前に途絶えている。みんな、もう終了しているのに、未練がましく馬券を買っているのが恥ずかしい。その⑨ツウカイウイング、いつものように後方からの競馬で、おお、大丈夫なのか。前走も4コーナー10番手から35秒5の脚でクビ差2着に差してきたので、いつもの戦法とはいえ、なんだか不安になる。4コーナーで外に出して差してきた。あとは届くのかどうかだけ。さあ、来い！　松山よ来い！

実はジャパンカップが終わってから虚脱状態、というのはいささか大げさだが、しかしそれに近い気分の中にいた。ジャパンカップの予想をほぼ当てながら、馬券を外すという現実が日に日に効いてきていたのだ。そうしているうちに、妄想がどんどん膨らんで、あの3連単1万9850円を1万円買う直前までいったことになってしまった。つまり198万。馬連も1万、馬単も1万、3連複も1万だから（もちろん全部妄想ですよ）、全部で300万！　WIN5で5000万くらいの配当が飛び出しても驚かない昨今なので、300万くらいではどうってことないが、私にとっては大金である。それを取り逃がしたのだ。現実には1円も買ってないのに、妄想の中では300万も損したことになっているから、あれからずっと、はーっとため息をついている。こんなチャンスはもう二度とあるまい。こうなったら年内は静かに暮らすだけだ。そう思っていたのに、いつものように朝から馬券を買って、メインのチャンピオンズカップも穴馬券をわんさか買ったら上位人気3頭で決まり、競馬ってつまんないと思って迎えたこの日の最後のレースである。競馬は来週もあるんだし、それに年内は静かに暮らすのではなかったか。なんで阪神最終にこんなに突っ込むのか。自分でも理解できない。

それにしても、⑨ツウカイウイングの脚いろが尋常ではない。これは絶対に届くだろうと、途中で確信した。となると、ヒモの相手が来るかどうかだけ。ヒモに買ったのは6頭。1番人気の⑦以外は5番人気から9番人気までの5頭だ。つまり2～3番人気は買ってない。抜け目はたくさんある。案の定、あっという間に⑨ツウカイウイングは全馬を差し切って頭に突き抜けたが、私の相手がどこにもいない。そのとき、⑪ヒップホップスワンがすごい脚で差してきた。もうお前でいい。なんとか2着に差してくれ。岩田岩田、ノゾミノゾミ、とテレビに向かって叫ぶとこの5番人気の馬が2着に上がったところがゴール。3着が14番人気の④サンビショップだったので、3連複だけなら丸外れだった。実は3連複を買ったあと、馬連を1点買うならどの馬だろうと検討して、馬連⑨⑪だけ1500円追加したのである。だから、ばらばら買った3連複は外れても馬連がヒット。10分前のオッズが45倍（1500円という中途半端な金額からは私が欲しかった金額が類推できるだろう）だったのに、フタを開けたら2470円。たった10分でここまでオッズが下がったのか、それとも私が見間違えたのか真相はわからない。だからプラスにはならなかったが、楽しいぞ競馬。

共同馬券のチョキチョキ

　中山競馬場に行くのは9月以来なので3ヵ月ぶりである。地下のファストフードプラザに降りたら驚いた。椅子のレイアウトががらりと変わっていたのだ。以前は4人掛けのテーブルが中心だったのだが、横一列のベンチ方式になっていて、その両側に座るかたちになっている。そんなに急に変わるわけがないから、9月に行ったときに私が気がつかなかっただけだろう。4人掛けのテーブルがずらりと並ぶ光景に慣れていたので、なんだか新鮮だ。ところで、ファストフードプラザの端に、オリエントという売店がある。ここはコーヒー300円なのだが、その空きコップを持っていくとお代わりが100円。何杯でもOKという売店だ。ただ、指定席に入ると地下1階まで下りていかなくてはならないから遠く、いつもお代わり1杯が限度。二度お代わりしたことはない。

　驚いたのは、そのオリエントでかき氷を売っていたこと。私、かき氷が大好きで、夏に各地の競馬場に行くと必ずかき氷の売店を探して歩く。今年の夏に札幌競馬場に行ったときはスタンドの外にまで行ってしまったが、スタンドの中にもかき氷の売店があり、おいおい、そんなに遠くまで行くことはなかったと反省。福島競馬場で900円だったか1000円だったか、やけに高いかき氷を食べたのはいつだったか。何が違うのかなと思って買ったのだが、どこが異なるのかわからなかった。いつも失敗するのは中京競馬場だ。パドック前の売店のかき氷は、シロップを客がかけるシステムなので、いつもかけすぎてしまうのである。だから最後のほうはびちょびちょで、かき氷というよりも冷たいジュースを飲んでいる感じになる。しかしいくらかき氷の好きな私でも、この真冬には食べる気が起こらない。誰が買うんだろうと思っていつものようにコーヒーを買っていると、あとから来た親子連れが「かき氷、ちょうだい」と言った。子供は元気だ。

なかなか馬券の話にならないのは、例によって語るほどのことが何もなかったからである。面白かったのは共同馬券だけ。この日はシゲ坊と二人で出撃したのだが、メインレースが終わったときに、「一万円ずつ出し合って共同馬券を買わないか」と提案してみた。「どういうシステムでやりますか」。おお、シゲ坊はノリがいい。中山阪神中京の最終レースからどれか一つを選んで、1頭軸の相手9頭の3連単マルチで216点。これなら一人1万と800円の出費で済む。これで20万馬券を引っかければ、一人あたりの配当は10万。ようするに私、10万が欲しかったのである。紆余曲折あって、結局選んだのは中京12Rの栄特別。３歳以上１勝クラスの芝２０００m戦である。軸はシゲ坊推薦の⑩ウレキサイト（７番人気）。16頭立てであるから、６頭を切らなければならない。５頭は簡単に切れたが、最後の１頭が難問であった。シゲ坊は③ガロシェ（４番人気）を切りたいと言う。鞍上の吉田隼人は前日に８Ｒから３連勝（しかも、10番人気、３番人気、５番人気だから、すごい）、この日も５Ｒの７番人気で３着、７Ｒと８Ｒで３着２着したのち、メインでは７番人気で１着。もう手がつけられないほどの大活躍であった。「もうないでしょ」というのがシゲ坊の弁。私はずっと以前、札幌で横山和が５勝だったか６勝だったかした日のことが忘れられないから、勢いのある騎手は切りたくない。私が切りたかったのは９番人気の⑦エフティイーリスだ。シゲ坊はもう１頭、⑬ヤップヤップヤップも切る候補にあげてきた。これでは決まらない。そのときに出したシゲ坊の提案が素晴らしかった。「じゃあ、アミダで決めましょう」。で、選んだのが③ガロシェ。このレース、３番人気→１番人気→５番人気の順にゴールして、私たちの軸馬は４着だったから結果は外れたのだが（仮に軸馬の⑩が３着に入っても、３連単は２６０倍だった）、切る馬の最後の１頭をアミダで決めたことは結構正しい。

というのは、阿佐田哲也『ばくち打ちの子守唄』を思い出すのだ。この小説に「チョキチョキの銀さん」という男が登場する。手ホンビキの札を張るとき、この男、トランプのカードを切るように、札をチョキチョキして決めるので、その異名がつけられている。もっとも銀さんの場合は偶然を装って、実は全部意図的であるのだがそれはともかく、4枚のうち1枚の札を切り捨てなければならないとき、その4枚をチョキチョキして最後の1枚を見切る場面が頻出するように、それはばくちの現場では普通に行われている行為でもある。自分の意思で決められないときに神の判断にまかせるのだ。アミダで見切った③ガロシェは何着だったと思いますか。なんと、私たちの軸馬⑩ウレキサイトの次の5着。おお、勝ってるぜ。見切った馬に先着されたら立場がないが（誰の立場だ）、その点だけは少なくとも間違わなかったのである。ま、いいかと帰途についたのであった。

つらい冬はまだ続く

競馬新聞を買うと、面白そうなレースを探して、こいつは、と思ったレースから検討していく。12月15日の新聞で言うと、中山10R北総Sが目にとまった。3歳以上3勝クラスのダート1800m戦である。ここに②グッドラックサマーが出ていたのだ。このクラスに昇級してから、7着、13着、競走中止、7着、14着。ここ2戦は私も買っていて、というよりも軸馬にしたためにエライ損をしたのだが、また出てきたのか。2走前に買ったのは、鞍上が菅原明良に替わったからだ。サマーバードと菅原明良のファンであるアキラから、「グッドラックサマーに菅原が乗ります!」と朝、メールが来たので、そうか、じゃあオレも買ってみようと思ってしまったのである。サマーバード産駒はその名に反してなぜか寒くなってから激走する馬が多いのも、2走前(11月9日)に買った理由であった。そのときは後方から差して7着。逃げなければこの馬の味が出ないので、先行した前走は期待したが、今度はハイペースに巻き込まれて失速。それでも今回買おうと思ったのは、ここが昇級6戦目であるからだ。昇級5戦くらいならどんなに負けていても突然激走することがある、というのは私の持論である。徐々にそのクラスのペースに慣れてくるのかもしれない。その実例は昔から山ほどある。

いまでも覚えているのは、昇級5戦追いかけて、それでもダメだったので見限ると、6戦目に激走した馬がいて、大穴を逃したことがある。20年以上前のことなので馬の名前も思い出せない。それともうひとつ、今回はハンデ戦なので、グッドラックサマーが54キロであることだ。そして2番枠もいい。問題はその枠の利をいかしたとしても本当に逃げられるのか、ということで、これが微妙。こうやって検討しても結論が出ないことも少なくない。まあ、時間はたっぷりあることだし、前日に結論を出すこともあるまい。というわけで、他のレースも検討して就寝。最近はとにかくレースを絞っている。できれば購入するのは10レース以内に抑えたい。

そう思っているのに、日曜の朝、阪神1Rのパドック中継を見ていたら、むずむずしてきた。2歳未勝利のダート1200m戦だが、⑫ミヤコシスターの気配がいいのだ。その段階では、朝イチであることだし、買うのは複勝だけにしようと考えていた。このデキなら3着以内は堅いのではないか。その時点で⑫ミヤコシスターは9番人気（最終的には6番人気）、複勝は4～9倍。この複勝を1000円買って、転がして遊ぶのも面白い。そう

5回阪神6日　1R　2歳未勝利

着順	予想	枠番	馬番	馬名	性齢	斤量	騎手	タイム	着差	通過順	上り	人気	単勝オッズ	体重増減	厩舎
1	○	❺	⑩	テンテキセンセキ	牡2	55	幸　英	1.12.8		⑥ 6 4	中36.6	①	1.5	460+	6栗松永昌
2		❻	⑫	ミヤコシスター	牝2	54	福永祐	1.13.8	6	3 2 2	中37.9	⑥	20.2	482+	2栗浅見秀
3	△	❷	③	ドラゴンズバック	牡2	55	原田和	1.14.2	2½	1 1 1	内38.6	⑨	29.1	454−	2園伊藤伸
4	△	❼	⑭	ウンダモシタン	牝2	54	古川吉	1.14.3	首	4 4 4	外38.2	⑭	388.4	456	0栗藤沢則
5	△	❸	⑥	イッツマイビジネス	牡2	55	岩田康	1.14.6	1¾	⑮ 15 14	外37.1	②	8.2	448+	8栗吉田直
6	▲	❶	②	タガノコットン	牡2	55	川須栄	1.14.8	1¼	7 6 6	内38.6	⑤	12.9	500−	6栗浅見秀
7		❺	⑨	ブラウンアイズ	牝2	54	松岡正	1.15.1	2	12 12 12	中38.0	⑫	137.7	516−	4園萱野浩
8	◎	❸	⑤	ジュンジュン	牡2	55	高田潤	1.15.1	首	10 9 8	中38.6	⑦	28.0	478+	2栗湯窪幸
9	△	❽	⑯	ネクサスアルカナム	牡2	55	坂井瑠	1.15.4	1½	4 5 7	中39.1	⑧	28.1	498−	2栗梅田智
10		❼	⑬	リュウノイノリ	牡2	55	四位洋	1.15.4	首	⑧ 9 8	外38.8	③	10.8	444+	4栗牧浦充
11		❽	⑮	ヤマニンベデュータ	牡2	55	岩崎翼	1.15.5	½	12 12 12	中38.3	⑯	514.6	480−	2栗浅見秀
12		❹	⑦	アンタルクティクス	牡2	55	水口優	1.15.8	1¾	2 2 2	中40.0	⑩	36.6	486−	2栗中尾秀
13		❶	①	ダイアナマロン	牝2	54	松山弘	1.16.4	3½	⑩ 9 11	内39.9	⑪	70.5	430−	2栗大根田裕
14		❻	⑪	メイショウココロネ	牝2	54	国分優	1.16.9	3	⑭ 14 14	内39.7	⑮	404.7	412−	2栗木原一
15		❷	④	クンクンクン	牝2	54	長岡禎	1.16.9	鼻	⑯ 15 16	内38.2	⑬	362.7	442−	4田加藤和
16	▲	❹	⑧	パサラン	牡2	53	岩田望	1.17.1	1¼	⑧ 8 10	中40.6	④	12.1	450−	2栗千田輝

単⑩150円　複⑩110円　⑫360円　③460円
馬連⑩―⑫1630円⑥　　枠連❺―❻1910円⑥
馬単⑩―⑫2240円⑧　３連複③⑩⑫13050円㊴
３連単⑩⑫③39190円116
ワイド⑩―⑫670円⑥　③―⑩940円⑪　③―⑫6880円㊾

考えていたのに、気がつくと、この馬から馬連、3連複をばしばし買っているのだ。しかももっと儲けようと、その時点で単勝1・7倍（最終的には150円）の⑩テンテキセンセキを1着に、⑫ミヤコシスターを2着に固定した3連単まで買ってしまった。そして最後にハッと冷静になって、⑫ミヤコシスターの複。これで総額9600円。おれってバカなんじゃないだろうか。買い終わってからそう反省したが、遅すぎるのである。

レースは面白かった。スタートと同時に、9番人気の③ドラゴンズバックが逃げ、10番人気の⑦アンタルクティクスが2番手、そして私の⑫ミヤコシスターが3番手なのだ。2頭はさんでダントツ人気の⑩テンテキセンセキ。王道ポジションである。なんだか取ったも同然だ。⑩テンテキセンセキが伸びてこなければ、⑫ミヤコシスターから流した馬連が当たるだろうし、

⑩テンテキセンセキが本当に強くて圧勝しても、⑫ミヤコシスターが2着に入れば（この位置取りなら入りそうだ）、3連単がヒットする。いま2番手にいる⑦アンタルクティクスはなにしろ10番人気である。いくら⑩テンテキセンセキがダントツ人気でも、⑩→⑫→⑦と入り、1番人気→6番人気→10番人気の順で決まれば、配当は期待できる。あとで調べてみたら、344倍だった。なんだ、たいしたことないんだ、まあそれくらいでも私は嬉しいけど。この段階がいちばん楽しかった。直線を向くと⑦がタレ、逃げる③に私の⑫が迫っていく。その後ろから脚を伸ばしてあっという間に先頭に躍り出たのは、ダントツ人気の⑩だ。これは仕方がないが、逃げた③ドラゴンズバックが意外にしぶとく、全然タレない。おいおい、なんとか差せよ福永（⑫の鞍上が福永なのだ）。福永が逃げた③を差しても、3着に③が残ったら3連単はアウト。この逃げ馬は1円も買ってない。何か後ろから来ないのか、と見ても、なんにも来ない。じゃあ、その逃げ馬を差すだけでいい。それなら馬連だけでも当たる。そうしてようやく⑫が2着に上がったところがゴール。その馬連は1630円。⑫の複勝は360円だった。3連複も3連単も外れたが、馬連のおかげで辛うじてトリガミを免れたのだけが救い。この日当たったのはこれだけだった。中山10Rのグッドラックサマーは逃げずになんと13着（ビリだ！）。つらい冬はまだ続くのである。

あの有馬から46年

　有馬記念を自宅のテレビで観るのは久々である。このところは中山に行ったり、府中場外に行ったり、少し前は阪神競馬場に行ったりしていた。自宅のテレビで観戦とは、ずいぶん昔に戻ったようでもある。最初にテレビで有馬記念を観たのは、ストロングエイトが勝った１９７３年である。あれからもう46年がたったとは感慨深い。その２ヵ月前に競馬を始めたばかりの私は、レース実況を観ていても自分の馬券が当たったとは気がつかなかった。競馬新聞で☆印のついた枠連（それが万馬券の印であった）を５点選んで知り合いに頼んだのである。１点２００円で５点であるから総額は１０００円。その５点の中に、枠連２－８の目があった。しばらくしてから、もしかしたら当たったのかも、と気がついたが、ちゃんとわかっていたら「そのままそのままそのまま！」とテレビに向かって絶叫していただろう。１万２０００円はついたと記憶する。それを２００円だから２万４０００円。これで当時の給料が５万くらいであったから、なんと給料の半分が入ってきたのである。

は、年が開けてから競馬に熱中するようになったのも当然だ。長い長い46年であった。

　有馬記念の朝、阪神競馬場に出撃したオサムから写真付きのメッセージが入った。この日、彼は友人と博多から阪神に出撃したのである。競馬場の指定席からコースを映した写真には臨場感がある。競馬は有馬記念が行われる中山だけでなく、阪神でも行われるのだ。「きょうの勝負は中山10Rの⑩ヴィルトファンです」というオサムのメッセージを読んで（その理由も克明に書いていた）、すぐにアキラが書き込んできた。「のった！」。中山10RフェアウェルSは3歳以上3勝クラスのダート1200m戦で、⑩ヴィルトファンは4番人気の馬である。実は私もそのレースでは10番の馬を軸にしていたのだが、オサムのメッセージを読んでからでは真似したようで言いにくい。阪神ダートは差しが決まる、という前日の傾向を私が書き込むと、「だったら阪神8Rの⑫エイシンヨッシーで勝負します」とアキラがまた書き込んできた。阪神8Rは3歳以上2勝クラスのダート1800m戦で、⑫エイシンヨッシーは6番人気の馬だ。しかしここは強そうな差し馬が揃っているから堅くおさまりそうだよね、と私の意見を書き込む。この日、アキラは新宿近くの自宅にいて、つまり、私は東京郊外だから3人ともにばらばらなのだが、こうやってメッセージを書き込んだり読んだりしていると、なんだか朝からずっと一緒にいるみたいな気分になる。誰かが1時間以上も書き込まないと、食事にでも行ったのかな、と思ってしまうのである。

えっ、と思ったのはこの日の阪神6Rの新馬戦。④ダブルアンコールはジェンティルドンナの全妹で、アキラがPOGで持っている馬だという。えっ、君はPOGをやってるの？　よく聞いてみるとJRA－VANのやつだという。JRA－VANでやってるやつなら金を賭けているわけではないだろう。するとオサムも別のところでPOGをやっているという。成績はどうなのと質問すると、指名6頭中デビューしたのが2頭で、1頭は新馬勝ちしたあと登録抹消されたという。難しいんですね。そうか、POGの本がたくさん出版されているのはこういう人たちがたくさんいて、需要があるからか。いや、彼らがそういう本を買っているのか、聞いたわけではないのだが。私は若いころに勤めた会社で数年間やったことがあるが、経験はそのときだけ。トウショウボーイ、グリーングラスの年だから、気が遠くなるほどの昔の話である。

レースが終わるたびに3人ともに感想を書き込むので、少し前のメッセージを読もうとすると画面はどんどんスクロールしないと目当てのものが出てこない。みんなが新聞や雑誌やネットで見た情報を書き込むので面白いのだが、そうだと思い出してその情報を探そうとしてもなかなか出てこないのである。「中山2500、外枠も来ますねえ」「ディープディープ」「頭数が少ないから参考にはならない」。いつもよりもメッセージが多いのは有馬当日だからか。

結局、阪神8Rの⑫エイシンヨッシーも、中山10Rの⑩ヴィルトファンも不発で、あっという間に有馬が始まり、あっという間に終わるのである。アキラが「強い」と書き込んできたのは発走5分後の3時30分だ。ほぼ同時にオサムが「強かったですね」。その1分後に私が「2、3、4番人気だ」と書き込むと、すぐにアキラが「それで3連単は500倍！おいしいなあ」。結局、3人ともに当たらなかった。阪神最終まで3人ともに「勝負だ」「勝負だ」「勝負だ」と馬券を買ったのだが、有馬に比べて書き込みの数は明らかに少なく、「また来週がんばりましょう」「またボウズだ」「来週だ！」で今週は終了。来週こそ、いいことがありますように、と神様にお願いしたのである。

ごめんねアキラ

　年内最終日は、ホープフルSよりもファイナルSが狙い。そのファイナルS、2017年、2018年と、シゲ坊の予想がずばり的中したのである。人気薄の馬を本命にして当てたわけではない。わりと上位人気の馬が本命であったが、それでもいいのだ。人気があってもなくても、絶対に堅い馬を教えてくれるだけでありがたい。2年連続で当たるなら、今年も当たるんじゃないか。そう期待するのも当然だ。一つのレースを当てたところで1年間の負けは動かしようがなく、大勢に影響はないけれど、それでも年内最終日を気持ちよく終えることができるのは大きい。この勢いで来年も頑張ろう、という気になる。「今年はそれほど自信はないんです」とシゲ坊は週中に言っていたけれど、大丈夫だ、必死に予想してくれ。おれは丸ごと乗るから。

　というわけで、最終日はファイナルSまでおとなしくしているつもりでいた。まあ、ホープフルSは買うつもりだが、それ以外のレースは軽く流そう。と思っていたのに、中山2

Ｒ（2歳未勝利のダート1８００ｍ戦）のパドック中継を見ていたらむずむずしてきた。というのは、⑩クロスキーの気配が素軽いのだ。前走の芝の新馬戦では2番人気で6着。今回はダート戦だ。ハーツクライ産駒はダート替わりで走ることで知られているし、大型馬の叩き2戦目である。走りごろと言っていい。それで鞍上がマーフィーに替わって、パドックの気配がいいのだ。今回は3番人気である。もう絶対に堅いような気がする。頭鉄板だ。これを黙ってお前は見過ごすのか。落ちている金を拾わないのか。このデキを見ても買わないのなら、競馬をやっている意味がない。というわけで、3連単、そして3連複を、ばしばし買って、馬連がとどめ。なんと総額1万超え。メインまでずっとおとなしくしているつもりだったのに、朝からこんなに突っ込むのか。バカかお前は。買ってすぐに後悔したが、どうしても止められなかった。

その⑩クロスキー、ポンと飛び出して、4番手。先行3騎の直後というベストポジションをキープ。よおし、そのままだ。と思いながら見ていたが、3コーナー手前から手応えが怪しくなり、ずるずると後退。結局、15頭立ての14着でゴール。あのパドックのデキはなんだったのか。狐につままれたような感じである。わりとよくあることなので、特に驚くことではないのだが。このレースは途中からまくった6番人気の⑭ワセダウォリアー（あのワセダインブルーと同馬主、同厩舎だ）が他馬をぶっちぎって勝ち、2着は⑥ニーズヘッグ（2番人気）、3着は④ギャラクシーソウル（1番人気）という結果だったが、②グーガルドリームズが除外になったので、いくら返還金があるんだろうと、確定後に「投票履歴」を開いてみた。その2番の馬を3連単、3連複、馬連の相手の1頭にしていたから、返還金があるはずなのだ。せめて総額で3000円くらい返ってきたら嬉しいな、と開いてみると、なんと5870円の馬連⑥⑭が当たっている。何なんだこれは？

私の軸馬は、⑩クロスキーなのだ。たしかに⑥ニーズヘッグも⑭ワセダウォリアーも買ってはいるけれど、それは⑩クロスキーの相手に買っているだけで、馬連⑥⑭なんて買った覚えがない。で、調べてみたら、なんと⑩から買ったつもりの馬連流しが、⑥からの馬連流しになっている。どうしてこんな間違いをしたのか、全然わからない。ということは、もしも⑩が勝つなり2着になったりして、「よおし！　取ったぜ」という局面になったとしても、買い間違いで当たってない！　ということになっていたわけである。おお、逆でよかった。待てよ、と急いで3連単と3連複の購入履歴をチェック。そちらも⑩ではなく⑥を軸にしていたら、4280円の3連複と、5万3790円の3連単も当たっているのではないか。と一瞬思ったのだが、もしも当たっていれば、☆が付いているはずだから購入履歴を開く前に明らかなのである。その☆が付いてないんだから、3連複と3連単の軸馬は間違えることなく⑩だということだ。そんなに都合よく買い間違いは起きない。

結局、この日当たったのはこれだけ。自分の予想は外れて、買い間違い馬券が当たっただけとは情けないが、買い間違いで馬券がヒットするなんてめったにないことなのだから、むしろその幸運に感謝したい。ホープフルSが終わったところで「今年はこれで終了します」とメッセージを書き込んできたアキラに対して（この日のオサムは出社。暮れまで大変だなあ。だからこの日は、アキラとずっと二人でメッセージのやりとりをしていた）、えーっ、ファイナルSをやらないの？　川田の頭、鉄板だぜ、と引き止めてしまった。シゲ坊の本命が、川田騎乗の⑮ダノンジャスティスだったのである。その⑮、何着だったんでしょうか。アキラに悪いことをしてしまったと反省。これからは引き止めません。ごめんね、アキラ。

あとがき

本書は、2019年に競馬週刊誌「Gallop」に連載したエッセイをまとめたものなので、本来なら2020年に起きたことは関係がない。2020年の出来事は、「Gallop」連載のエッセイがもし2021年にまとめてもらえるのなら、そのときに書くべきだろう。

しかし、2020年に刊行される本であるのに、2020年の2月29日から無観客競馬が行われたことにいっさい触れないというのもおかしい。なにしろ無観客のダービーが行われたのは76年ぶりだというのだ。つまり歴史的な出来事である　そういう空前絶後の時代が到来したというのに、何も触れないのはヘンだ。だから、ここにもはっきりと書いておく。

新型コロナ感染症対策のために、2020年2月29日から無観客競馬が行われたことを、記録のためにも書いておきたい。このあとがきを書いている段階では、いつから観客を入れた以前のような競馬が行われるのか、皆目わからない。いまのところ、観客を入れた普通の競馬が「最後に行われた」のは、2月

22日である。その日は東京競馬場に競馬仲間と出撃したが、まさかあれが「最後」になるとは思ってもいなかった。いや、いまのところ「最後」になっているだけで、もちろんいずれは観客競馬が再開されるはずなので、けっして「最後」ではない。

無観客競馬に立ち合うというのは歴史の証人でもあるので、後世のファンのために少しだけ書いておく。結構楽しいぞ、と。競馬場に行けないからレースをナマ観戦はできないけれど、グリーンチャンネルをつけっぱなしにすれば、朝から全レースのパドックもレースも見ることができる。これはひとえにレースをやってくれるからだ。もしもレースをやらず、つまり完全中止の状態になっていたら、と思うとおそろしくなる。そんなことになっていたら、土日にすることが何もない！

レースがある、ということはそれだけでありがたいことなのだ、と実感する次第である。２０１９年の1年間の苦闘の歴史が本書にはつまっているが、これを読み返すと、いつものように失敗があり、後悔があり、反省がある。もう競馬なんてやめたい、と思ったことも一度や二度ではない。しかし、それを含めて、競馬があってよかったと思う。無観客であってもレースが行われていることはホントにありがたいことで、素晴らしい。

なくなってみるとそのありがたさがわかる、とよく言うが、いや競馬はなくなったわけではないので、例えとしてはふさわしくないけれど、無観客競馬がずっと続いていると、観客がいっぱい入った普通の競馬が懐かしく思えてくる。人が多いとそれなりに面倒で、いやだなあと思うこともあるけれど、いまになってみれば、あれはあれでとても得難いことであったなと思うのである。2020年の春は、それを思い知らされた春であった。

本書のゲラを読んで思い出したのは、2019年は3連単を買っていたことだ。すっかり忘れていた。しかも少ない点数でフォーメーションを買っていたとは。いまでも3連単を買うことはあるが、その大半は1着馬を固定して、2~3着に5頭を置くフォーメーションである。これで20点。このかたちならいまでもときおり買っている。

ところが2019年の一時期にやっていたのは、1頭→3頭→6頭とか、1頭→3頭→7頭のフォーメーションだ。これで15点と18点。裏も買うから（1着馬と2着馬を入れ替えるバージョン）、点数はその倍になって30点と36点。こんなかたちで買っていたなんて、すっかり忘れていた。

「3連複のヒモ10頭買い」とか、「馬連5000円1点買い」とか、他にもいろいろやっているが（これも忘れていた！）、裏表の3連単フォーメーションはまたやってみたい。

それと未勝利戦で、ココリアッピアという馬を買う話が2回出てくるが、この馬のことが気になったので調べてみた。私が買ったのは2019年8月の2戦だが、その後は園田に移り、そこで元気に走っていた。そうか元気か。

このあとがきを書いているのは無観客競馬のど真ん中なので、福島、札幌、中京、阪神、京都、小倉と、全国の競馬場の話が出てくると、なんだか目まいがしてくる。いいなあ楽しそうだなあ。早く通常の日が戻ることを願うのみである。

2020年6月

藤代三郎

藤代　三郎（ふじしろ　さぶろう）
1946年東京生まれ。明治大学文学部卒。ミステリーと野球とギャンブルを愛する二児の父。著書に、『戒厳令下のチンチロリン』（角川文庫）、『鉄火場の競馬作法』（光文社）、『外れ馬券は夕映えに』『外れ馬券に祝福を』『外れ馬券は人生である』『外れ馬券に友つどう』『外れ馬券で20年』『外れ馬券が多すぎる』『外れ馬券は終わらない』『外れ馬券に乾杯！』『外れ馬券を撃ち破れ』『外れ馬券に挨拶を』『外れ馬券に約束を』（ミデアム出版社）。

外れ馬券にさよならを

二〇二〇年八月二〇日　第一刷

著者　藤代三郎
発行者　大島昭夫
発行所　株式会社ミデアム出版社
東京都杉並区下高井戸二—一七—一八
電話　〇三（三三二四）一二七五
郵便番号一六八—〇〇七三

印刷・製本　図書印刷㈱

ISBN978-4-86411-121-8　本文DTP／トモスクラブ